系列教材

电子商务基础

慕课版

黄苑 李志宏

主编

刘燕妮 李燕珊

副主编

人民邮电出版社

北京

图书在版编目（CIP）数据

电子商务基础：慕课版 / 黄苑，李志宏主编.
北京 ： 人民邮电出版社，2025. -- （职业教育改革创新
系列教材）. -- ISBN 978-7-115-66494-5

Ⅰ. F713.36

中国国家版本馆 CIP 数据核字第 2025X9A189 号

内 容 提 要

本书特色突出，配套教学资源丰富，内容兼顾行业前沿与学生需求，将素质教育、电商业态、岗位能力要求等相结合，符合电子商务职业教育课程体系中基础课程的教学需求。

本书以电子商务发展的历程与创新趋势为脉络，关注其在国民经济与新质生产力发展中的重要地位，以立德树人为根基，构建了"经世济民：电子商务概述""迭代创新：电子商务模式""衍生促变：电子商务新业态""共育生态：电子商务服务体系""商道酬信：电子商务诚与法""数字引擎：电子商务促产业发展"6 章学习内容。本书遵循职业教育学习特征，以"探索—感知—体验—回归升华"为学习路径，培养具有新时代企业家精神的商业人才。

本书可作为职业院校电子商务、市场营销、网络营销、直播电商服务等专业电子商务基础相关课程的教材，也可作为初涉电子商务行业相关工作人员的参考书。

◆ 主　　编　黄　苑　李志宏
　　副 主 编　刘燕妮　李燕珊
　　责任编辑　白　雨
　　责任印制　王　郁　彭志环

◆ 人民邮电出版社出版发行　　北京市丰台区成寿寺路 11 号
　　邮编　100164　　电子邮件　315@ptpress.com.cn
　　网址　https://www.ptpress.com.cn
　　北京天宇星印刷厂印刷

◆ 开本：787×1092　1/16
　　印张：10　　　　　　　　　　　2025 年 6 月第 1 版
　　字数：199 千字　　　　　　　　2025 年 8 月北京第 2 次印刷

定价：46.00 元

读者服务热线：(010)81055256　印装质量热线：(010)81055316
反盗版热线：(010)81055315

FOREWORD

////////////////// 前 言 //////////////////

党的二十大报告指出："加快发展数字经济，促进数字经济和实体经济深度融合，打造具有国际竞争力的数字产业集群。"党的二十届三中全会部署了构建全国统一大市场的重大改革举措，并多处提及"数字经济""电子商务"等关键词。"非接触经济"的繁荣、新一代数字技术的突破创新、消费者需求和行为模式的变化，推动电子商务行业从传统电商向"新电商"升级。新业态、新模式的不断涌现，技术层面的广泛渗透和应用层面的深度融合，催生出社交电商、直播电商、兴趣电商、共享经济等新模式。

基于电子商务在国民经济与新质生产力发展中的重要地位，为引导读者更全面地了解电子商务的发展历程与创新趋势，服务职业教育高质量发展，培育具有新时代企业家精神的商业人才，编写团队准确把握新形态经济发展的动向与底色，精心编写了本书。本书具有以下鲜明特色。

1. 价值教育为基，凸显育人功能

中华商业文化是中华优秀传统文化的重要组成部分，编写团队以此奠定本书的价值底色，通过大力挖掘传统商业文化的丰富内涵，以电商发展为脉络，以商道精神为核心，以立德树人为根基，凸显课程育人作用。本书充分提炼商科类专业背景下的素养目标，与课程深度融合，引导学生树立"四个自信"、养成良好的法治意识、培养诚信的商道精神。在此基础上，本书从宏观、中观、微观 3 个层面设置 5 个特色栏目，实现了"可读性"和"可教性"兼备。"创新驱动"栏目从宏观层面引导学生关注中国的商业发展在全球经济浪潮中发挥的关键作用；"行业洞察"和"讲给电商人听的商道精神"栏目从中观层面引导学生关注身边的企业如何在新业态新经济创新中保持活力；"协作探究"和"职业素养"栏目则从微观层面引导学生关注可持续发展需要，致力于全面提升学生创新能力和职业综合素养，为新时代中国企业家精神培基固本。

2. 业态发展为引，凸显职教特色

本书内容紧贴电子商务行业发展现状，从国际视野出发探索电子商务的本质及特征，引导商业新人树立"经世济民"的立世准则；通过体验式学习模式，引导学生感知电子商务新业态与生态体系，感受商业发展和创新中衍生出的迭代更新；逐步聚焦岗位要求与职业素养，从电子商务服务生态与保障体系中，领悟协同与诚信的要义；最终回归产业站位高度，关注在产业数字化和数字产业化的进程中，电子商务作为数字引擎的关键地位，以及元宇宙、数字人、人工智能大模型等技术在其中的赋能与助推，提升学生的行业责任感和职业认同感。全书遵循"探索—感知—体验—回归升华"的路径，从产业、行业、企业多角度展现电子商务的全貌，既关注学生对岗位基本技能的掌握，又基于商业发展的逻辑培养学生的理解力与思辨力。本书全面服务线上线下混合式教学需要，通过教学资源颗粒化、教学内容碎片化、教学手段信息化等方式，满足课程内容个性化、内容资源可重组可复用的教学需求。同时，本书配套丰富的教学资源，包括课件 PPT、教案、慕课视频等，读者扫描下方二维码即可观看视频，用书教师可登录人邮教育社区（www.ryjiaoyu.com）免费下载相关资源。

慕课视频

3. 校企"双元"合作，凸显多元优势

本书编写团队聚集了 7 所高水平职业院校财经商贸类专业的"双师型"教师及企业骨干，以校企协同开发的模式保障职业院校学生能力与知识的进阶与衔接。本书由黄苑、李志宏担任主编，刘燕妮、李燕珊担任副主编，王菲、赵美玲、何妙佳、周晓柠、赵安琪、冯欣参与编写。全书共六章，第一章由刘燕妮、何妙佳编写，第二章和第三章由黄苑、李燕珊、李志宏编写，第四章由刘燕妮、黄苑、周晓柠、赵安琪、冯欣编写，第五章由王菲编写，第六章由赵美玲、何妙佳编写。广东外语外贸大学粤商研究中心与广州市财经商贸职业学校粤商文化馆建设团队为全书"讲给电商人听的商道精神"栏目的审定提供支持，广州市汇美时尚集团股份有限公司为本书岗位能力要求及行业信息编写提供支持，广东南华工商职业学院党委书记、校长林海教授为本书编写大纲、编写理念、栏目设计提供指导，在此特别致谢。

由于编写团队水平有限，且电子商务的发展突飞猛进，书中难免存在疏漏和不足之处，敬请广大读者批评指正。

编　者

2025 年 4 月

CONTENTS

目 录

第一章

经世济民：
电子商务概述

目标导览

- **知识目标**
  - 理解电子商务的概念
  - 了解电子商务的起源和发展历程
  - 认识电子商务的社会经济地位
- **能力目标**
  - 能分析电子商务现状和发展趋势
  - 能举例说明电子商务对中国社会经济发展的促进作用
  - 能明确分析电子商务从业人员的素养需求及就业岗位
- **素养目标**
  - 引导学生形成正确的电子商务知识素养和思想道德素养
  - 引导学生认识电子商务对社会经济发展的影响，培养其社会责任感
  - 引导学生合法合规参加电子商务活动，树立正确商务运营相关法律意识
  - 引导学生形成电子商务主要就业岗位及其从业人员需具备的基本素养

知识导图

```
                                            ┌─ 电子商务的缘起
                          ┌─ 探究电子商务的前世今生 ─┼─ 中国电子商务发展
                          │                  └─ 全球电子商务发展
    经世济民：电子商务概述 ─┤
                          │                  ┌─ 电子商务产业链与就业岗位
                          └─ 做德技并修的电商人 ─┼─ 电子商务从业人员的知识素养
                                            ├─ 电子商务从业人员的能力素养
                                            └─ 电子商务从业人员的职业素养
```

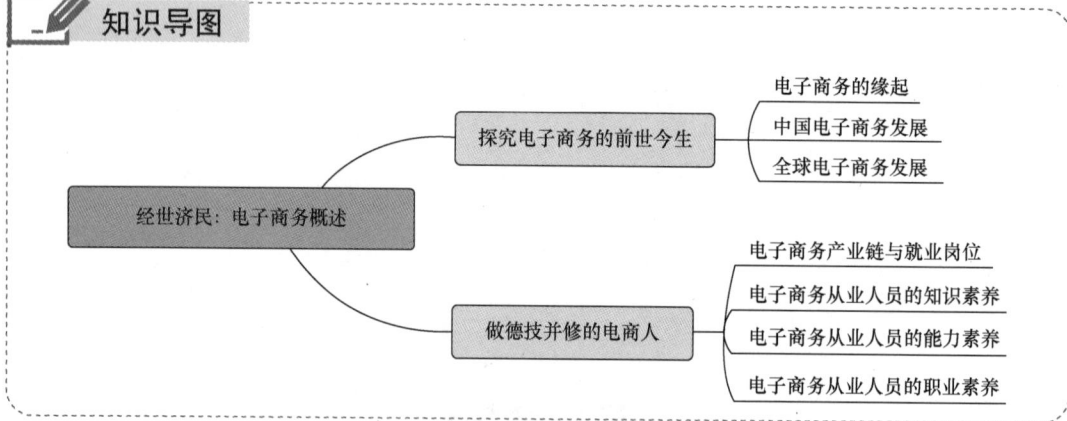

第一节 探究电子商务的前世今生

【探索与叩问】

在"十四五"规划的引领下，我国电子商务发展取得了显著成效，不仅促进了经济增长和消费升级，还推动了乡村振兴和传统产业的数字化转型，提高了服务业和制造业的效率，促进了跨境电商的发展，创造了大量就业和创业机会。电子商务已成为中国经济高质量发展的重要引擎，为实现现代化强国的目标提供了有力支撑。从国内到全球，电子商务是如何一步步走进我们的生活的呢？

【初探与感知】

在 20 世纪 90 年代，互联网技术的飞速发展为商务活动的电子化奠定了基础。电子商务迅速崛起，从一个新名词演变为 21 世纪的主角，将生产企业、流通企业、消费者和政府等引入一个数字化的虚拟空间，深刻影响和改变了人们生活与生产的方方面面。随着国家"互联网+"战略的实施，电子商务迎来了新一轮重要的发展机遇，呈现出全新的内涵、特征和趋势，成为推动经济增长的新动力。电子商务作为数字经济的重要组成部分，在推动经济社会发展和促进产业数字化转型中发挥了重要作用，也成为推动经济全球化的重要引擎。

一、电子商务的缘起

（一）电子商务的概念

电子商务通常是指在全球各地广泛的商业贸易活动中，在开放的网络环境下，基于客户端/服务端应用方式，买卖双方进行各种商贸活动，实现消费者的网上购物、商户之间的网上交易和在线电子支付，以及各种商务活动、交易活动、金融活动和相关的综合服务活动的一种新型的商业运营模式。

关于电子商务的定义有以下几种。

（1）经济合作与发展组织（OECD）定义：电子商务是发生在网络上的，包括企业对企业（B2B）、企业对消费者（B2C）的商业交易，如在线零售、电子支付、在线拍卖等。

（2）世界贸易组织（WTO）定义：电子商务是通过电子方式实现生产、分配、营销、销售或交付商品与服务。这不仅包括基于互联网的交易，还包括采用各种电子信息技术来解决问题、降低成本、增加价值和创造商机的商务活动。

（3）全球信息基础设施委员会（GIIC）定义：电子商务是运用电子通信作为手段的经济活动。通过这种方式，人们可以对带有经济价值的产品和服务进行宣传、购买和结算。这种交易方式不受地理位置、资金或零售渠道所有权的影响，公司、政府组织、各种社会团体、一般公民、企业家都能自由地参加广泛的经济活动，包括农业、林业、渔业、工业、私营和政府的服务业。电子商务能使产品在世界范围内交易并向消费者提供多种多样的选择。

（4）《中华人民共和国电子商务法》定义：电子商务是指通过互联网等信息网络销售商品或者提供服务的经营活动。该法律明确了电子商务的范畴，包括通过互联网进行的商品销售和各种服务提供，旨在规范电子商务行为，维护市场秩序，保障电子商务各方主体的合法权益，并促进电子商务的持续健康发展。

一般而言，电子商务可划分为广义和狭义两个方面。

广义的电子商务（Electronic Business，EB）：涵盖使用各种电子工具进行的所有商务活动，不限于互联网，还包括内联网（Intranet）和外联网（Extranet）等不同形式的网络。这种定义包括企业内部的协调与沟通、企业之间的合作及网上交易，实质上是将整个商务活动电子化。

狭义的电子商务（Electronic Commerce，EC）：在互联网上开展的交易及相关活动，主要集中在通过互联网进行的商业交易和服务，如在线订票、开网店、网络营销等。

电子商务不仅包括面向消费者的网上购物和支付，还涵盖企业内部和企业间的各种商业流程的电子化，如企业资源计划、管理信息系统、客户关系管理、供应链管理、人力资源管理、网上市场调研、战略管理及财务管理等。

（二）电子商务的起源和发展

电子商务的发展历程可以追溯到20世纪60年代，经历了两个阶段，首先是从基于电子数据交换（Electronic Data Interchange，EDI）的早期阶段，再到如今以互联网为基础的全面发展阶段。电子商务的起源和发展不仅体现了技术的进步，也反映了商业模式的不断创新。

（1）早期阶段：基于 EDI 的电子商务（1960—1990 年）。

电子商务的起源可以追溯到 1960 年，产生于美国，那个时候企业开始探索利用电子技术开展商业活动，以提高效率和降低成本。这一时期，电子商务主要依赖 EDI。

① EDI 的诞生与应用。EDI 是指通过标准化的电子格式，在计算机系统之间传输商业文件的技术，如图 1-1 所示。EDI 支持企业之间直接交换订单、发票、运输通知和支付信息等数据，而无须手动干预。最初，EDI 主要应用于大型企业之间，尤其是制造业、零售业和物流行业。通过 EDI，企业可以实现订单处理、库存管理和财务结算的自动化，大大提高了业务处理的效率。

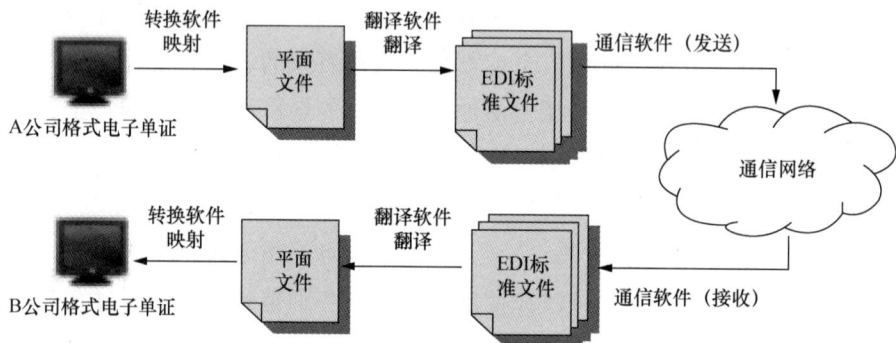

图 1-1　EDI

② 标准化推动普及。为了实现广泛应用，各国和国际组织制定了多种 EDI 标准，如美国的 ANSI X12 和联合国的 EDIFACT。这些标准提高了不同系统之间的互操作性，使更多企业能够采用 EDI。

③ 局限性。尽管 EDI 提高了业务效率，但其高昂的初期成本和复杂的实施过程使中小企业难以承受。此外，EDI 主要依赖专用网络和点对点连接，这限制了其灵活性和普及范围。

（2）全面发展阶段：基于互联网的电子商务（1991 年至今）

从 20 世纪 90 年代开始，随着互联网的迅速普及和技术的进步，电子商务进入一个全新的发展阶段。国际互联网迅速普及，其功能从最初的信息共享演变为一种大众化的信息传播工具。这一阶段，电子商务主要经历了以下 3 个时期。

① 快速发展期（1991—2000 年）。这一时期是电子商务的快速发展阶段，互联网的广泛应用极大地推动了电子商务的发展。1995 年 7 月，亚马逊网络书店成立，亚马逊的诞生标志着电子商务零售业的兴起。作为全球首个大型网上书店，亚马逊不仅销售图书，

还逐步扩展各类商品，成为全球最大的在线零售商之一。1995 年 9 月，eBay 上线，eBay 作为全球最大的在线拍卖和购物网站之一，为消费者提供一个消费者对消费者（C2C）的交易平台，使个人和个人能够直接进行买卖。1995 年，英国首次使用网上支付。英国率先采用网上支付技术，标志着电子支付系统的应用，极大地方便了在线交易，推动了电子商务的普及。

② 放缓调整期（2001—2002 年）。经历了快速发展后，电子商务进入放缓调整期，市场逐渐成熟，企业开始探索更加稳定和可持续的发展模式。2000 年互联网泡沫破裂，大量互联网公司倒闭或被兼并，市场开始对电子商务的商业模式进行反思，逐步回归理性。2001 年 5 月 10 日，联合国促进贸易和电子商务中心与结构化信息发展组织正式批准了 ebXML 标准，旨在规范全球电子商务交易，提高互操作性和效率。

③ 稳步发展期（2003 年至今）。从 2003 年开始，电子商务进入稳步发展的阶段，各种商业模式不断创新，技术应用逐步深入，市场规模迅速扩大。

B2B 模式的高速发展。自 2003 年以来，B2B 模式迅速崛起，成为电子商务的重要组成部分。企业通过 B2B 平台进行批发采购、供应链管理和商业合作，大幅提高了交易效率，降低了成本。

技术驱动的创新。人工智能、大数据分析、区块链、虚拟现实等新兴技术的应用，推动了电子商务的智能化和个性化发展。智能推荐、精准营销、虚拟试衣间等新功能不断提升消费者体验。

移动互联网的普及。智能手机和移动支付的广泛应用，使移动电子商务迅速发展。消费者可以随时随地进行购物，推动了电子商务的进一步普及。

全球化和跨境电商。电子商务突破了地域限制，跨境电商的发展使全球消费者可以轻松购买到世界各地的商品，企业也能够拓展国际市场，增加了商业机会。

电子商务从基于 EDI 的初级阶段发展到基于互联网的高级阶段，经历了技术进步、模式创新和市场扩展的历程。互联网的普及和技术的不断进步，推动了电子商务的快速发展，改变了传统的商业模式和消费方式，为全球经济的繁荣和发展注入了新的活力。如今，电子商务已经成为全球经济的重要组成部分，影响着人们的生活和工作的方方面面。

二、中国电子商务发展

截至 2025 年 1 月，我国已连续十二年成为全球规模最大的网络零售市场，继续展现出强劲的发展势头。作为促消费、保民生、稳外贸的重要力量，电子商务在激发经济活力、促进灵活就业、提振发展信心等方面做出了积极贡献。

（一）中国电子商务发展历程

中国电子商务自 1995 年萌芽至今，其发展经历了 4 个重要阶段，从初步探索到成为全球领先的电子商务市场，每个阶段都有其独特的特点和重大事件。

（1）工具阶段（1995—2003 年）

这一阶段互联网刚刚进入中国，电子商务处于探索和启蒙期，主要以 B2B 模式为主。中国企业开始尝试利用互联网开展商业活动，主要集中在信息发布和简单的在线交易上。

1999 年，阿里巴巴在杭州成立，为中国 B2B 电子商务的发展奠定了基础。阿里巴巴帮助中小企业通过互联网寻找国际买家和供应商，逐步形成一个庞大的在线交易市场。与此同时，政府陆续出台相关政策支持互联网和电子商务的发展，技术基础设施也不断完善，为电子商务的进一步发展提供保障。

（2）渠道阶段（2004—2008 年）

电子商务的应用由企业间交易（B2B）向个人消费（B2C、C2C）延伸，电子商务市场开始多元化。2003 年，阿里巴巴成立淘宝网，进军 C2C 市场。淘宝网迅速吸引大量个人卖家和买家，推动了个人电子商务的发展。2004 年，京东创始人决定将京东转型为电子商务平台，京东逐渐从一个小型电子产品零售商发展为中国领先的 B2C 平台。电子支付的普及、支付宝的推出和普及，为电子商务提供了便捷、安全的支付方式，进一步推动了在线购物的发展。

（3）基础设施阶段（2009—2012 年）

电子商务平台成为新的商业基础设施，越来越多的企业和个人通过这些平台降低交易成本、共享商业资源和创新商业服务。

物流和支付体系的完善、快递和物流网络的扩展、支付宝等支付平台的发展，为电子商务的发展提供了坚实的基础。此外，移动互联网的崛起、智能手机的普及和移动支付的兴起，推动了移动电子商务的发展，让消费者可以随时随地进行购物。

（4）经济体阶段（2013 年至今）

自 2013 年起，中国成为全球第一大网络零售市场，电子商务进入一个全新的发展阶段。

电子商务不仅是一个交易平台，更催生出了新的商业生态和商业景观，以阿里巴巴、京东为代表的电子商务巨头，涵盖从零售到金融、物流等各个领域的业务，形成了完善的商业生态。图 1-2 所示为我国品牌电子商务服务产业图谱。传统产业加速与电子商务融合，借助电子商务平台实现数字化转型，提高效率和竞争力。大数据、人工智能、区块链等新技术的应用，使电子商务更加智能化、个性化和高效化。直播电商、社交电商、跨境电商等新模式不断涌现，推动了电子商务的不断创新和发展。

图 1-2 我国品牌电子商务服务产业图谱

国内电子商务的发展历程展示了从初步探索到全球领先的巨大转变。这一过程不仅改变了消费者的购物方式，也深刻影响了商业模式和经济结构。未来，电子商务将在增强我国经济发展韧性、服务构建新发展格局、实现高质量发展中发挥更大的作用。

（二）中国电子商务发展趋势

电子商务在助力经济持续恢复的过程中充当着"稳定器"的角色。网络零售对消费增长的拉动作用持续提升，成为国内消费市场的重要引擎；跨境电商的蓬勃发展有效促进了外贸进出口总额的持续增长，让我国企业进一步融入全球市场；农村电商在推进乡村振兴方面发挥了重要作用，推动城乡经济协调发展；京东等电子商务巨头在全球范围内占据主导地位。与此同时，电子商务业态和模式不断迭代创新，与实体经济深度融合，为拓展发展空间和提振发展信心做出了积极贡献。

（1）为扩内需、拓消费提供新动能

中国电子商务市场规模持续增长。国家统计局数据显示，2023 年全国网上零售额约为 15.42 万亿元，同比增速为 11.0%，实物商品网上零售额约为 13.02 万亿元，同比增速为 8.4%，表明电子商务市场进入成熟阶段，如图 1-3 所示。新一轮信息技术革命催生的电子商务创新发展，是过去十年支撑和推动我国消费市场成长壮大的重要动力，也是未来一段时期扩大消费的重要抓手。

网上零售额及实物商品网上零售额统计数据

单位：亿元

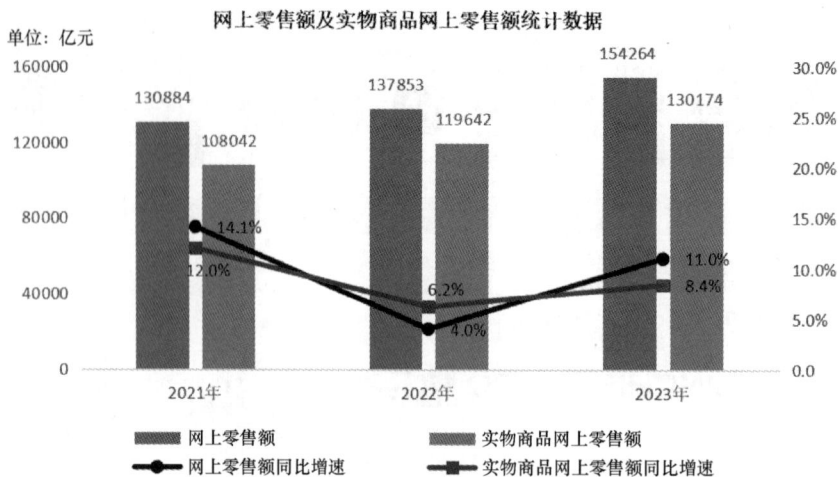

图 1-3　网上零售额及实物商品网上零售额统计数据

（2）产业融合与高质量发展

随着电子商务平台数字技术水平的不断提升，其助力传统产业转型升级的能力也将与日俱增，在赋能制造业转型升级、推动农业数字化转型、促进服务业线上线下融合转型及扩大内需等方面将创造更大价值。

（3）下沉市场的消费升级

我国下沉市场（三线及以下城市）的人口占总人口的比重超过 60%，随着国家建设的持续进步，下沉市场的社会结构和电子商务基础设施等发展要素正在加速重构，为电子商务平台带来新的机遇。电子商务平台在三、四线城市和乡镇等地区的发展，不仅促进了消费升级，也推动了当地经济的发展和社会进步。

（4）政策法规建设

自 2019 年《中华人民共和国电子商务法》实施以来，中国与电子商务相关的法律法规逐步完善。中国政府通过《县域商业三年行动计划（2023—2025 年）》等政策，推动资源要素向下沉市场倾斜，建立农村商业体系，为电子商务的健康发展提供了法律保障。

（5）跨境电商推动外贸发展新业态

中国电子商务平台积极借助跨境电商赛道，开拓国际市场，国际影响力持续扩大，跨境电商进出口总额持续增长，成为出口新兴力量。与此同时，"丝路电商"也为我国经济发展增添新动能，截至 2024 年 9 月，其合作伙伴国已增加到 33 个，图 1-4 所示为"丝路电商"合作的电子商务企业。云计算、大数据、人工智能等数字经济技术广泛应用于跨境贸易服务。

（6）消费者行为变化与品质消费趋势

消费者对个性化和定制化商品的需求日益增长，这反映在 C2M（消费者对制造商）反向定制合作项目商品销售额的大幅增长上。消费者变得更加以自我为中心，他们不仅寻求缓解当前生活压力的解决方案，还渴望通过消费来提高生活的总体价值。这种需求的动态变化促使市场不断适应，重视商品的总价值，包括使用价值、体验价值和情感价值，以满足消费者对美好生活的向往。

图 1-4　"丝路电商"合作的电子商务企业

我国电子商务正处于一个成熟且不断创新的阶段，市场规模持续扩大，新兴模式和技术的应用不断推动行业发展，同时下沉市场的开发和跨境电商的发展为电子商务行业带来新的增长点。

三、全球电子商务发展

（一）全球电子商务发展现状

全球电子商务发展现状呈现出快速增长和多元化的趋势，各地区的发展各具特色：北美和欧洲市场成熟；亚太地区增长迅猛，特别是中国和印度等新兴市场表现突出。全球电子商务正向智能化和多样化方向发展，前景广阔。

（1）市场规模持续增长

全球零售电商市场规模在 2014—2022 年间增长超过 3 倍，从 1.336 万亿美元增至 5.717 万亿美元。2023 年全球零售电商销售额达到 6.3 万亿美元，预计到 2025 年将超过 7.5 万亿美元，2026 年达到约 8.1 万亿美元，将占全球零售总额的 24%。

（2）跨境购物盛行

阿里巴巴、亚马逊、京东、拼多多等是全球领先的电子商务平台。在跨境购物市场中，中国电子商务平台是热门选择之一，中国商品凭借高性价比、丰富品类及电子商务平台与国际物流合作带来的便捷购物体验，受到众多海外消费者青睐。

（3）新兴市场迸发潜力

新兴市场如巴西、阿根廷和土耳其等国预计将在全球电子商务市场中实现快速增长。这些新兴市场的共同特点是互联网和移动设备的快速普及、消费者在线购物习惯的逐步形成及政府对数字经济的支持。

全球电子商务正处于一个快速发展的阶段，新兴市场和跨境购物的增长为电子商务行业带来了新的机遇。

（二）全球电子商务发展趋势

全球电子商务正经历迅猛发展，呈现出以下 5 种主要趋势。

（1）移动电子商务销售额增长显著

移动设备的普及显著推动了移动电子商务的发展。2024 年，移动电子商务销售额较 2023 年的 1.71 万亿美元增长 21.1%，首次突破 2 万亿美元大关。从长期趋势来看，预计到 2028 年，移动电子商务销售额将攀升至 3.35 万亿美元，占比达 63%。这意味着，在未来几年，移动电子商务在零售电商领域的地位将愈发重要，其发展态势值得持续关注。

（2）个性化和定制化消费兴起

全球各地拥有丰富多样的商品和服务资源，包括消费品、奢侈品、生活服务等，电子商务平台通过大数据分析和个性化推荐等技术满足不同消费群体的需求，推动了电子商务市场的多样化和发展。

（3）社交电商和直播购物兴起

社交媒体在电子商务中的作用日益重要，在国际社交媒体平台或国内社交媒体平台（如抖音、小红书等）上，品牌方可以直接与消费者互动。此外，直播购物也变得越来越流行，尤其在时尚和美容行业被广泛接纳。

（4）全球扩展和跨境电商稳步增长

随着国际物流的发展和贸易壁垒的降低，跨境电商成为全球贸易的重要组成部分。消费者对国际品牌和商品的兴趣增加，越来越多的消费者通过跨境电商平台购买来自世界各地的商品。

（5）创新驱动和产业融合

人工智能、大数据、物联网等新技术的不断涌现，推动了电子商务行业的创新和发展。例如，增强现实（Augmented Reality，AR）技术和语音助手的应用正在改变消费者的在线购物体验。AR 技术支持消费者在购买前虚拟试用产品，如试戴眼镜、试穿衣服、体验美妆效果或查看家具在家中的效果等；语音助手有助于消费者轻松下单和查询订单。人工智能的覆盖场景持续丰富，覆盖教育、医疗健康、金融、旅游出行、仓储物流、智能家居、智能汽车等，如图 1-5 所示。

图 1-5 人工智能的覆盖场景

📋 **行业洞察**

苏宁零售云推进市场下沉 助力县镇村门店转型升级

苏宁零售云是苏宁面向中小微实体店推出的智慧零售赋能服务平台，是苏宁提炼在零售行业深耕 30 年丰富经验的成果。

苏宁零售云整合品牌、供应链、技术、物流、金融、运营等智慧零售资源，通过新型加盟模式，提供全场景数字化重构和全价值链赋能的智慧零售解决方案，有效解决中小微实体店面临的产品、价格、资金、风险、营销、美陈、售后、再学习等诸多困难，提高了效率和效益。苏宁零售云创始于 2017 年，从农村市场起步，不断升级迭代。截至 2024 年 6 月 30 日，苏宁零售云加盟店入驻全国超 85%的县域市场，双线服务超 2.5 亿用户，覆盖全国 31 个省级行政单位。截至 2024 年 9 月 30 日，苏宁零售云加盟店达 10500 家。

一、供应赋能，构建优质商品资源池

苏宁提供数千万种商品资源与中小企业共享，有助于苏宁零售云加盟商零库存运作，以代销形式"先销后采"，避免库存风险和市场风险。

（一）品类丰富。苏宁从自有平台上 7000 多万种商品中，筛选出适合苏宁零售云经营的 700 多万种商品，供苏宁零售云加盟店自由选择，通过"门店实物+云货架虚拟"方式出样。

（二）推荐精准。苏宁运用大数据、云计算等技术，根据当地消费者需求和消费习惯进行智能推荐，让苏宁零售云加盟店出样准、备货准，不但充分满足消费者个性化需求，而且使供应链效率大为提高。由于加盟苏宁零售云带来了高回报，根据苏宁易购发布的2024年上半年年度报告显示，上半年苏宁易购零售云加盟店新开740家。

（三）商品竞争力强。苏宁依托自身集团化优势，让苏宁零售云门店共享价格优势和货源优势。同时，苏宁零售云推出"头等舱计划"，整合大量品牌直接展开系统对接，2020年仅美的、海尔、海信等家电头部厂商就与苏宁零售云签订了3年销售规模破千亿元的合作计划。

二、科技赋能，探索智慧销售新模式

苏宁对中小企业从人、货、场实现全面数字化升级，提供零售云商城、POS（Point of Sale，电子付款机）、社交等IT工具，2～3人便可以操作苏宁上千万种类商品的销售和管理。苏宁通过丰富的数字化工具全流程赋能，重构消费者零售一站链式新体验。

（一）购物前，智慧画像。苏宁运用自身多年的线上线下营销经验，依托大数据分析寻找目标消费者和营销机会，对消费者行为轨迹进行画像，精准洞察有意向的消费者，判断对方需求，对消费者购买潜力进行分析并呈现给店员，实现"不见其人、不闻其名，但知其所需"。

（二）场景中，专属服务。苏宁以一款"千里传音"的智慧零售数据商品，在前期对消费者"智慧画像"进行精准需求分析的基础上，通过VoIP（Voice over IP，互联网电话）技术精准地进行活动推荐和体验邀约。在消费者到店后，除苏宁零售云店面服务人员外，另有经验丰富的苏宁V购（VIP导购）协助，充分满足消费者个性化需求，实现"千人千面"的专属服务。

（三）结账时，多样化营销促成交。在当下数字化与多元化的营销浪潮中，苏宁零售云不断创新营销手段，结账时，借助多样化营销促进成交。除了延续拼团、推客及各类促销券等传统举措外，还积极顺应市场趋势。例如，在2024年"双十一"期间，全面参与政府的以旧换新补贴政策，联合众多工厂品牌加大资源投入，推出"预存翻倍、满减补贴、以旧换新"等多重优惠。同时，开启"万店同播"计划，联合海尔、美的、海信等品牌开展品牌专场直播，推出100元代1100元大额焕新券及多款爆品，通过线上领券、线下体验的模式，极大地提高了门店的客流量与成交率。

[资料来源：《苏宁零售云推进市场下沉 助力县镇村门店转型升级》（有改动）]

【演练与致用】

为深入了解电子商务的起源、发展历程及其对社会经济的影响，下面通过实训来进一步探索电子商务的起源与发展。

实训任务

学生分组合作，通过查阅资料，整理电子商务从诞生至今的重要事件，制作电子商务起源与发展的时间线。时间线应包含关键年份、重要事件、参与企业或个人及对电子商务发展的影响。

实训步骤

1. 3～5 人一组，小组内自行分配角色和各成员任务。

2. 查询相关研究报告，如《中国电子商务报告》，或登录相关网站，如中国国际电子商务网、艾瑞咨询官网等，了解互联网和电子商务行业的深度研究报告和分析数据，收集相关信息。

3. 小组内讨论，将收集到的信息进行整理归纳，提取关键信息。

4. 使用图表或 PPT 等工具，制作电子商务起源与发展的时间线。

5. 每组选派代表，在课堂上展示本组的时间线，并简要说明关键事件及其对电子商务发展的影响。

第二节 做德技并修的电商人

【探索与叩问】

2024 年，随着电子商务市场规模进一步扩大，直播电商、即时零售等电子商务新业态蓬勃发展，电子商务就业规模进一步扩大，人才需求同步增加，电子商务已经成为"稳就业"的重要阵地。此外，电子商务人才供给进一步优化，国家职业分类大典中新设"电子商务服务人员"职业分类，为明确政策支持导向和优化人才培养方向奠定了良好的基础。

展望未来，电子商务的发展任重道远。电子商务从业者需要主动适应行业变化，提升专业知识与技能，勇于创新创业，为实现中国电子商务的高质量发展贡献自己的力量。那么，我们应该从哪些方面提升自己的知识与技能呢？

【初探与感知】

在当前电子商务行业蓬勃发展的大背景下，电商学子想要成为德技并修的专业人才，需多维度提升自我。在知识层面，要深入掌握电子商务运营知识，如店铺搭建、商品管理、数据分析等，熟悉不同电子商务平台的规则与特性，了解市场营销知识，包括市场调研、消费者行为分析、营销策划等，能够精准定位目标消费群体，制定有效的营销策略。同时，还需学习电子商务相关的法律法规，如电子合同、知识产权保护、消费者权益维护等，确保在电子商务活动中合法合规经营。在技能层面，要熟练掌握数据分析技能，能借助数据分析工具从海量数据中挖掘有价值的信息，能洞察市场趋势、消费者需求和店铺运营状况，为决策提供有力支持。同时，具备良好的沟通协作能力，因为电子商务工作涉及多个环节和部门，与供应商、消费者、物流等多方的有效沟通协作至关重要。还要掌握新媒体运营技能，利用社交媒体平台进行品牌推广、客户互动和流量转化，如短视频制作、直播带货等，紧跟时代潮流，抓住流量红利。此外，还需培养创新思维能力，在竞争激烈的电子商务市场中，不断探索新的商业模式、营销方法和服务方式，以满足消费者日益多样化的需求。

一、电子商务产业链与就业岗位

（一）电子商务产业链

电子商务产业链涉及商品从供应商到最终消费者的整个过程的管理和协调系统。随着我国电子商务的迅猛发展，电子商务产业链逐步完善，正朝着规模化和集约化的方向发展。从产业链的结构来看，电子商务产业链可划分为上游、中游、下游，并由支付服务产业、物流产业、电商运营与营销服务、政府和监管机构及技术和服务提供商协同运作，如图1-6所示。

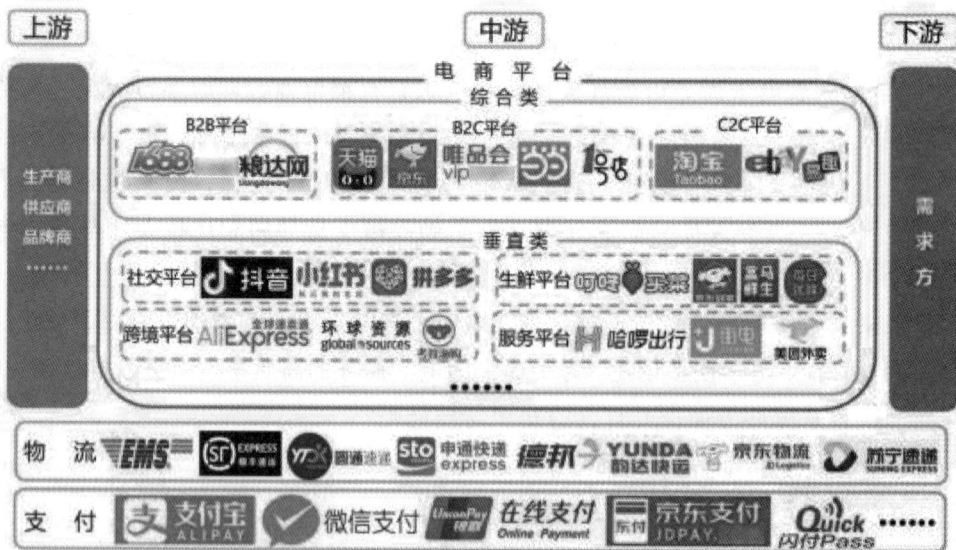

图1-6 电子商务产业链

（1）上游：由生产商、供应商、品牌商构成。生产商负责将原材料或半成品通过生产工艺加工成符合市场需求的成品，建立并实施严格的质量控制体系，确保生产出的产品质量稳定、可靠，符合相关标准和消费者要求。供应商负责商品供应，根据电子商务平台或品牌商的需求，提供高质量、有竞争力的商品。供应商需与生产商紧密合作，确保商品的稳定供应和品质保障。品牌商负责销售商品或服务，还塑造品牌形象，通过广告投放等方式提升知名度。同时，需开展市场调研，把握需求和趋势，为商品策略提供依据。此外，品牌方应建立渠道体系，与各方合作拓展市场，同时维护品牌权益，处理知识产权纠纷等事务。

（2）中游：以电子商务平台为核心连接上下游，如综合类平台整合资源，打造一站式体验；B2B平台促企业合作；B2C平台助精准营销；C2C平台建信用保障机制；垂直类平台做专业服务；社交平台借社交推广销售；生鲜平台保商品品质；跨境平台处理国际事务；服务平台优化服务体验。

（3）下游：由需求方组成，即最终消费者或企业消费者，他们通过电子商务平台购买商品或服务。

（4）支撑服务业：电子商务的发展带动了物流产业和支付服务产业的发展。物流产业包括EMS、顺丰速运、圆通速递、申通快递、德邦快递、韵达快运、京东物流等，它们构建了庞大的物流网络，支撑着电子商务的配送服务。支付服务产业则以支付宝、微信支付、银联在线支付、京东支付、闪付等为代表，提供安全的电子支付手段，保障交易的顺利进行。

（5）政府和监管机构：在电子商务生态系统中，政府和监管机构通过制定相关政策和法规、监督和规范电子商务活动、保护消费者权益，维护健康有序的电子商务市场环境。

（6）技术和服务提供商：通过提供网站搭建、网络安全维护、搜索引擎优化、社交媒体营销等技术和服务，支持电子商务平台的稳定运行和市场推广。

电子商务产业链聚焦于商业模式中的上中下游关系和相互价值的交换，形成了一个有机统一体。在这个统一体中，各个环节互相配合，形成了前端消费场景化、中端全渠道运营数字化、后端物流服务智慧化的电子商务活动链条，发挥着优势互补、资源共享、互为依托、互为支撑的作用，共同推动电子商务行业的繁荣发展。

（二）就业岗位

随着电子商务的快速发展，电子商务从业人员数量不断增加。商务部中国国际电子商务中心发布的《中国电子商务人才发展报告》显示，2024年中国电子商务从业人数已超7000万人。

当前，得益于电子商务与传统产业融合度的不断提升，电子商务专业人才的就业领域已不再局限于互联网和电子商务企业，而是广泛覆盖了传统的第一、第二、第三产业，包括农业、工业、国际贸易、金融业、交通运输业、咨询服务业等，从业范围的广泛性和多样性增强。

电子商务岗位主要分为5类，分别是电子商务运营类岗位、市场营销推广类岗位、消费者服务与管理类岗位、视觉设计类岗位和供应链管理类岗位，如图1-7所示。

电子商务岗位类型及职责

- 电子商务运营类岗位
  - 电商平台管理与维护
  - 库存管理
  - 数据收集与分析
  - 制定运营策略
  - 市场监控和分析
- 市场营销推广类岗位
  - 品牌策划
  - 专题策划
  - 营销推广
  - 文案策划
- 消费者服务与管理类岗位
  - 消费者关系管理
  - 消费者咨询与支持
  - 订单管理与跟踪
  - 消费者投诉处理
- 视觉设计类岗位
  - 广告素材设计
  - 店铺首页视觉设计
  - 商品详情页设计
  - 专题活动页面设计
  - 平面设计
  - 用户界面设计
- 供应链管理类岗位
  - 商品采购
  - 库存管理
  - 物流配送

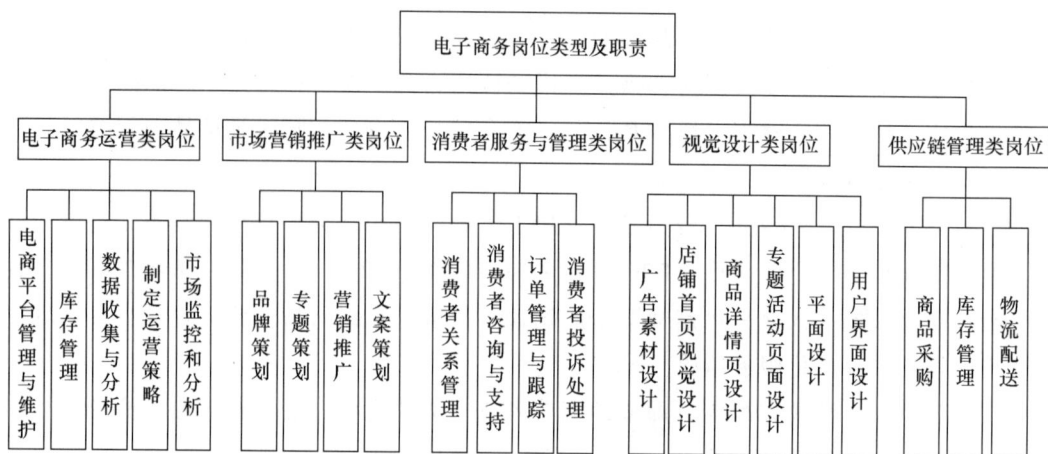

图 1-7 电子商务岗位类型及职责

（1）电子商务运营类岗位。电子商务运营类岗位需要综合管理、分析、策划等多方面的技能。该岗位的主要工作内容包括：负责商品上架、库存管理、订单处理等；监控库存情况，协助补货和清货，确保商品供应链顺畅；分析销售数据、流量数据、消费者行为数据等，制定和调整运营策略；通过数据分析和消费者反馈，不断优化网站或消费者体验；监控和分析竞争对手的运营策略和市场动态，调整自身策略等。

电子商务运营类岗位人员需要具备数据分析能力、市场敏感度、协调能力及消费者服务意识，能够综合运用各种工具和方法，不断提高电子商务平台的运营效率和用户体验。

（2）市场营销推广类岗位。市场营销推广类岗位主要负责制定和执行市场推广策略，提升品牌知名度和提高商品销量。该岗位的主要工作内容包括：搜索引擎优化、搜索引擎营销、社交媒体营销、电子邮件营销等；管理品牌的社交媒体账号，制订发布计划，监控和分析社交媒体的表现，回复消费者的评论和消息，策划和执行社交媒体营销活动；分析和报告营销活动的效果，优化广告投放和营销内容；撰写和编辑商品描述、各渠道的营销文案等。通过创作有吸引力的内容，提高品牌知名度和消费者参与度。

市场营销推广类岗位人员需要具备数据分析、沟通协调等多方面的能力，能够灵活运用各种数字营销工具和平台，制定并执行有效的营销策略，达到提升品牌知名度和提高商品销量的目标。

（3）消费者服务与管理类岗位。消费者服务与管理类岗位的主要工作内容包括维护消费者关系，处理消费者咨询、投诉等，提升消费者满意度和忠诚度。这类岗位涵盖从一线消费者服务到高级消费者管理的各个层面，在提升消费者满意度和忠诚度、推动企业持续增长方面发挥着关键作用。

消费者服务与管理类岗位人员需要具备良好的沟通能力、问题解决能力和消费者导向意识，熟悉商品知识、店铺运营策略，同时还需要具备一定的数据分析能力和团队管理能力。

（4）视觉设计类岗位。视觉设计类岗位的主要工作内容包括通过视觉元素提升品牌形象和消费者体验，吸引消费者并促成购买决策。这类岗位涵盖从平面设计到用户界面设计等不同领域。高质量的视觉设计可以有效提升品牌形象、吸引消费者注意力、提升消费者参与度，从而促进电商业务的发展。

视觉设计类岗位人员需要具备创新思维、审美能力，同时能熟练使用设计软件，如Photoshop、Illustrator、Cinema 4D、Premiere、Dreamweaver等，还需要了解品牌营销、消费者体验等方面的知识。

（5）供应链管理类岗位。供应链管理类岗位的主要工作内容包括规划和管理从商品采购、库存管理到物流配送的整个供应链环节，确保商品能够高效、及时地送到消费者手中。这类岗位涵盖从供应商管理到物流优化等多个领域。有效的供应链管理，可以降低成本、提高效率、提升消费者满意度，从而增强企业的市场竞争力。

供应链管理类岗位人员需要具备良好的组织协调能力、数据分析能力和问题解决能力，熟悉供应链管理的各个环节和流程。

二、电子商务从业人员的知识素养

随着电子商务行业的不断发展和创新，电子商务从业人员需要持续更新自己的知识库，以适应行业的快速变化，把握行业发展的新机遇。知识素养不仅包括基本知识素养，还涵盖专业知识素养。

（一）基本知识素养

（1）互联网知识。电子商务作为互联网技术革新的产物，改变了传统的商业模式和消费习惯。这一行业的发展不仅依赖于当前的信息技术，还要求电子商务从业人员不断学习和适应新技术。电子商务从业人员必须具备互联网知识，了解互联网的基本运作原理和技术，掌握如何通过互联网进行市场调查和分析，熟悉搜索引擎、社交媒体和数据分析工具的使用等。

（2）经济学知识。电子商务从业人员需要具备一定的经济学知识，以便理解和应对市场、竞争环境和消费者行为等的变化。这包括对市场供需关系、价格形成机制、成本与效益分析、市场结构和竞争战略等方面的了解，以便分析和预测市场趋势，制定合理的定价策略和销售策略，优化资源配置，提高经济效益。同时，了解宏观经济政策、金融市场动态和国际贸易规则等，有助于把握宏观环境对企业经营的影响，及时进行战略调整。

（3）法律知识。我国是一个法治国家，电子商务从业人员必须对相关法律法规有清晰的认识和了解，以确保业务的合法性和合规性。电子商务从业人员需要熟悉电子商务法、合同法、知识产权法、消费者权益保护法等相关法律知识，以保护企业和消费者双方的权益。这不仅有助于避免法律风险，还能在面对纠纷时采取正确的应对措施。电子商务从业人员应持续关注法律动态，及时更新自己的法律知识库，以适应不断变化的法律环境和市场需求。

（4）心理学知识。电子商务的核心在于交易，在交易过程中，交易双方的心理往往会直接或者间接影响活动的完成度。电子商务的多种形式意味着涉及的交易主体也呈现多样性。不同的主体在电子商务活动中会基于各自的考量做出决策。深刻理解交易对方的心理动态，需要电子商务从业人员具备较高的心理学素养。因此，电子商务从业人员需要掌握一定的心理学知识，才能更好地理解和把握消费群体的消费心理与消费行为。

（二）专业知识素养

（1）视觉设计知识。视觉设计位于电子商务运营的最前端，是连接店铺和消费者的关键环节。优质的视觉设计能够有效吸引消费者，传达品牌价值，从而提升消费者体验并促进销售转化。因此，电子商务从业人员需要全面了解视觉设计的基本原理和方法，并能够综合运用 Photoshop、Illustrator、Cinema 4D、Premiere、Dreamweaver 等软件完成视觉设计，以提升消费者体验和转化率。

（2）网络营销知识。网络营销在当今商业环境中扮演着重要角色，是企业实现市场竞争和持续发展的关键因素之一。通过有效的网络营销策略，企业可以提升品牌影响力、扩大市场份额、增加销售额，并与消费者建立长期稳固的关系。电子商务从业人员需要掌握网络营销策略，包括搜索引擎优化、搜索引擎营销、内容营销、社交媒体营销等，同时需要了解消费者行为分析和市场调研的方法。

（3）数据分析知识。电子商务从业人员掌握数据分析知识的目的在于优化营销策略、优化消费者体验、精准定位目标消费者、预测市场趋势、提高供应链效率等。数据分析的重要性体现在能够基于客观数据为企业提供准确的决策依据，提高营销效率和投资回报率，优化用户体验，降低风险并把握商机，从而在竞争激烈的电商市场中取得成功。

（4）消费者服务知识。电子商务从业人员掌握消费者服务知识的目的在于能够有效地与消费者沟通，解决消费者的问题和疑虑，促成买卖成交。电子商务从业人员应该掌握良好的沟通技巧，包括倾听、说服技巧等，以建立和维护消费者信任。此外，电子商务从业人员还需要处理投诉、提供售后支持，以及通过各种渠道（如电子邮件、社交媒体、在线聊天等）提供优质的消费者体验。

（5）供应链管理知识。供应链管理知识涵盖需求预测、库存管理、采购与供应商管理、物流与配送管理、供应链优化、技术应用、风险管理和绿色供应链等方面。电子商务从业人员掌握供应链管理知识对提高企业效率、降低成本、提升客户满意度、增强竞争优势及促进可持续发展有着重要意义。在全球化和市场竞争日益激烈的背景下，供应链管理的重要性愈加凸显。

三、电子商务从业人员的能力素养

电子商务行业的快速迭代和不断变化，使技能型人才成为支撑这一产业发展的中坚力量。在这个充满竞争和创新的领域中，技术和市场环境的变化速度非常快，电子商务从业人员需要不断适应新的趋势和挑战。只有经过专业训练并且掌握岗位技能的人，才能在电子商务行业中游刃有余。

（一）基本能力素养

（1）文字表达能力。在电子商务中，文字表达能力不仅是传递信息的基础，更是增强营销效果、提升消费者体验、增强品牌影响力和促进业务增长的关键因素，还有助于电子商务从业人员与消费者、合作伙伴和团队成员进行有效沟通。对于电子商务从业人员来说，文字表达是一项不可或缺的重要技能。

（2）市场调研与分析能力。市场调研与分析能力是电子商务从业人员所需的重要技能。市场调研与分析不仅有助于企业全面了解市场和消费者需求，还有助于企业制定科学合理的营销策略，推动产品创新和改进，提高市场竞争力和消费者满意度。电子商务从业人员掌握市场调研与分析的相关内容，有助于其在电子商务领域更加专业和高效，助力企业实现持续发展和成功。

（3）创新能力。电子商务从业人员具备创新能力不仅是适应行业快速变化和竞争的需要，更是推动企业持续发展和满足消费者需求的关键。创新能力涵盖创意思维、市场洞察、消费者体验设计、产品开发与管理、跨部门协作、风险管理及持续学习等多个方面。

（4）消费者洞察力。具备消费者洞察力对于电子商务从业人员来说，是理解和满足消费者需求、提升市场竞争力的关键。通过系统的消费者数据收集与分析、市场调研、消费者细分、购买行为分析、情感和心理洞察、趋势分析、竞争分析、消费者体验设计和反馈机制，电子商务从业人员能够全面了解消费者的需求和偏好，制定更加精准和有效的营销策略。

（二）专业能力素养

（1）商务数据分析能力。近年来，电子商务的发展进入了瓶颈期。随着人口红利的消失，消费者规模趋于稳定，流量成本不断攀升，引流效果远不如从前。如今的竞争环境已经演变为以消费者为主导的买方市场，粗放式的营销手段很难再显著提高电子商务企业的运营效率。因此，应通过数据驱动实现精细化运营，提升营销效果和消费者体验。

（2）营销推广能力。营销推广不仅能帮助企业吸引和留住消费者，提升品牌知名度和销售额，还能够增强企业在竞争激烈的市场中的生存和发展能力。营销推广的具体内容涵盖市场调研、品牌定位、数字营销、社交媒体管理、内容创作、广告投放、活动策划等多个方面。电子商务从业人员需要具备一定的营销推广能力，才能在不断变化的市场环境中有效开展促销活动，扩大目标消费者群体，加速粉丝转化和流量变现，从而更快、更好地推动电子商务业务的发展。

（3）运营管理能力。运营管理不仅能帮助企业提高运营效率、提升消费者体验和增强竞争力，还能帮助企业在不断变化的市场环境中实现精细化管理和业务增长。电子商务从业人员需要在供应链管理、物流管理、库存管理、订单管理、消费者服务管理、数据分析与应用、团队管理、流程优化和风险管理等多个方面具备相应的技能。

👤 四、电子商务从业人员的职业素养

（1）坚定理想信念。坚定理想信念有助于电子商务从业人员在快速变化的市场中保持正确的发展方向，激发持续进步的动力，塑造正直的职业品格，抵御各种诱惑，赢得消费者和合作伙伴的信任，并促进团队的团结与协作。坚定的理想信念包括爱国情怀、诚信原则、法治意识、创新精神、服务意识、团队精神、责任担当、持续学习、环保意识和社会责任感。这些信念不仅为电子商务从业人员个人的成长提供精神支撑，也为电子商务行业的健康发展和社会和谐贡献力量。

（2）恪守职业道德。在电子商务领域，信任是交易的基础。恪守职业道德有助于建立和维护消费者、合作伙伴和公众的信任，提升企业形象，确保合法合规经营，促进行业健康发展，履行社会责任，推动个人职业成长等。职业道德的内容广泛，包括但不限于诚信、责任感、尊重、公正、保密、专业发展、合作精神、守法、创新、环保意识、反腐倡廉及以消费者为中心的服务意识。通过恪守职业道德，电子商务从业人员不仅能够维护个人和企业的声誉，还能够为构建更加公正、透明和可持续的商业环境做出贡献。

（3）勇担社会责任。电子商务在社会的普及程度逐渐提高，电子商务从业人员在社会经济活动中扮演着越发重要的角色，其行为直接影响消费者权益、市场秩序、社会稳定。勇担社会责任意味着电子商务从业人员要保护消费者权益，确保交易安全和数据隐私；促进行业标准和道德规范的建立，推动电子商务行业的健康发展；通过公益活动和环保实践，为社会的可持续发展做出贡献。勇担社会责任能够增强公众对电子商务行业的信任，提升企业品牌价值，同时也能够帮助企业和个人树立正面形象，实现长远发展。更重要的是，通过积极履行社会责任，电子商务从业人员能够为社会的和谐与进步贡献力量，这不仅是实现个人价值和社会价值的重要途径，也有助于提升整个社会的福祉。

职业素养

《互联网行业从业人员职业道德准则》

为加强互联网行业从业人员职业道德建设，规范职业道德养成，营造良好网络生态，推动互联网行业健康发展，依据《新时代公民道德建设实施纲要》、网信领域法律法规，结合互联网行业从业人员职业特点和相关监管要求，制定本准则。

一、坚持爱党爱国。学习习近平新时代中国特色社会主义思想，增强"四个意识"、坚定"四个自信"、做到"两个维护"，热爱党、热爱祖国、热爱社会主义，坚决拥护党的路线方针政策。

二、坚持遵纪守法。强化法治观念、树立法治意识，带头遵守法律法规，严格落实治网管网政策要求，遵守公序良俗，抵制不良倾向，保守国家秘密，维护网络安全、数据安全和个人信息安全，推动互联网在法治轨道健康运行。

三、坚持价值引领。树立正确的政治方向、价值取向、舆论导向，大力弘扬和践行社会主义核心价值观，唱响主旋律、传播正能量、弘扬真善美，崇德向善、见贤思齐，文明互动、理性表达，推动构建清朗的网络空间。

四、坚持诚实守信。始终把诚信作为立身之本、从业之要，传播诚信理念，倡导诚信经营，重信守诺、求真务实、公平竞争，做到不恶意营销、不虚假宣传、不造谣传谣、不欺骗消费者。

五、坚持敬业奉献。立足本职、爱岗敬业，注重自我管理和自我提升，培养良好的职业素养和职业技能，发扬奉献精神，履行社会责任，始终把社会效益摆在突出的位置，实现社会效益与经济效益的统一。

六、坚持科技向善。坚决防范滥用算法、数据等损害社会公共利益和公民合法权益，充分发挥科技创新的驱动和赋能作用，运用互联网新技术新应用新业态，构筑美好数字生活新图景，助力经济社会高质量发展。

【案例来源：中国网络社会组织联合会（有改动）】

【演练与致用】

为了更好地理解电子商务的就业岗位和从业人员所需具备的相关素养，下面通过实训来进一步理解不同岗位的区别。

实训任务

1. 登录招聘网站，了解各岗位需求数量和岗位条件，对需求数量从小到大排序（按1~5排序），填写具体的岗位条件，完成表1-1。

表 1-1　不同岗位的需求数量及具体岗位条件

序号	岗位	需求数量	具体岗位条件
1	电子商务运营类岗位		
2	市场营销推广类岗位		
3	消费者服务与管理类岗位		
4	视觉设计类岗位		
5	供应链管理类岗位		

2. 结合上个任务中所查找到的岗位信息，制作各岗位的成长路径图。图 1-8 所示为电子商务运营职业典型岗位成长路径图示例。

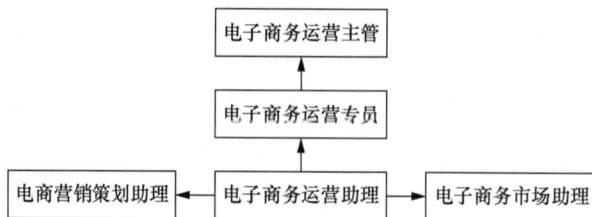

图 1-8　电子商务运营职业典型岗位成长路径图示例

3. 目前，你来到一家服饰网店实习，担任售后客服。上周你已经完成公司的业务培训，包括退换货流程、回复话术、沟通技巧等内容，今天是你上岗实习的第一天，售后客服组长要求你观察售后客服 S1、S2、S3 的售后接待流程，分析他们接待过程中存在的问题。以下是他们的沟通内容。

消费者：我要退货。

售后客服 S1：您想退货吗？直接后台申请！

消费者：我买的东西怎么还没收到就签收了？

售后客服 S2：您好，您的快递显示已经签收了，如果没有收到，请自行联系物流。

消费者：收到的衣服表面怎么是脏的？

售后客服 S3：您好，麻烦您把脏了的部分拍张详细的照片给我。部分瑕疵不影响使用。

根据业务要求，你认为售后客服 S1 在接待时需要改进的是＿＿＿＿＿＿＿＿＿＿＿；

售后客服 S2 在接待时需要改进的是＿＿＿＿＿＿＿＿＿＿＿；

售后客服 S3 在接待时需要改进的是＿＿＿＿＿＿＿＿＿＿＿。

整理完以上内容，你觉得售后客服工作需要从业人员具备＿＿＿＿＿＿＿＿＿＿＿。

A. 沟通技巧　B. 服务意识　C. 抗压能力　D. 其他补充＿＿＿＿＿＿＿＿＿

实训步骤

1. 3～5 人一组，小组内自行分配角色和各成员任务。

2. 查询相关招聘网站，如智联招聘、BOSS 直聘等，收集招聘信息并整理，对各岗位需求数量进行排序，了解具体的岗位条件。

3. 结合招聘信息，制作岗位的成长路径图。

4. 分析售后客服 S1、S2、S3 在接待过程中存在的问题。

【讲给电商人听的商道精神】

粤商

粤商即广东商人，是中国历史上著名的商业群体之一。其中，最著名的粤商代表之一是陈嘉庚。陈嘉庚是清末民初著名的企业家和爱国人士，早年随家人移居新加坡，在那里开始了他的商业生涯。陈嘉庚以其卓越的商业头脑和对教育的重视而闻名，他不仅在商业上取得了巨大成功，还大力投资教育和公益事业，被誉为"华侨领袖"。

粤商以其开放、创新和务实的精神而著称。他们勇于开拓海外市场，善于吸收外来文化，并将其与本土文化相结合，创造出独特的商业模式。粤商的商业哲学强调"诚信"和"和气生财"，以及对家族和社区的责任感。

在广东的沃土之上，唯品会如一颗璀璨的明珠。自 2008 年在广州市诞生，唯品会秉持着"精选品牌，超值特卖"的品牌理念，致力于将东方的商业智慧与现代电商的创新技术相融合，为追求品质生活的人们提供一份独特的购物体验。

唯品会，以一种对传统商业文化的深刻理解和对现代消费趋势的敏锐洞察，树立了其品牌的核心理念。它坚信，通过精心挑选的品牌商品和物有所值的价格，不仅能够满足消费者对美好生活的向往，更能够推动品质生活的普及。在电子商务领域的创新实践中，唯品会不断推出特色活动，如"会员制度""品牌日"，满足消费者个性化的需求。创新发展是唯品会持续进步的动力，其紧跟电子商务行业的脉动，不断创新商业模式和服务，以适应市场的变迁和消费者的需求。

唯品会的文化传承，深深植根于中国传统文化的沃土之中。它所倡导的"货真价实，童叟无欺"的理念，是对中国传统商业诚信精神的现代诠释。通过唯品会的平台，这份诚信精神得以传递，让消费者在享受购物的同时，也能感受到中华文化的深厚底蕴，这正是文化自信的体现，也是社会主义核心价值观在商业领域的具体实践。

展望未来，唯品会将继续秉承其品牌理念，不断创新和优化商业模式，为消费者提供更加优质的购物体验。同时，唯品会将继续探索民族文化与商业的融合，让更多人了解和体验中华文化的魅力，推动中华文化的传承和发展，这是对中华民族优秀传统文化的传承与弘扬，也是对社会主义文化繁荣发展的积极贡献。

唯品会的故事，是粤商精神与现代电子商务技术结合的典范，它不仅代表中国电子商务行业的发展方向，更是粤商文化自信的生动体现。

第二章

迭代创新：
电子商务模式

🔒 **目标导览**

- **知识目标**
  - 掌握 B2B、B2C、C2C 等传统电子商务模式的概念、类型
  - 掌握 O2O、F2C、C2M 等新型电子商务模式的概念、类型
  - 掌握各电子商务模式的不同应用类型及领域
- **能力目标**
  - 能举例说明 B2B、B2C、C2C 电子商务模式的分类及区别
  - 能举例说明 O2O、F2C、C2M 电子商务模式的特征和应用
  - 能在使用电子商务平台的过程中准确区分 B2B、B2C、C2C、O2O、F2C、C2M 等电子商务模式
- **素养目标**
  - 引导学生理解在电子商务模式发展背后的创新精神，弘扬以爱国主义为核心的民族精神
  - 引导学生了解在电子商务行业中的文化自信和民族自信
  - 培养学生遵纪守法、规范经营的法治意识
  - 培养学生团队合作精神和探究思维

知识导图

```
                                        ┌─ B2B电子商务模式
                                        │
                        初识传统电子商务模式 ─┼─ B2C电子商务模式
                        │               │
                        │               ├─ C2C电子商务模式
                        │               │
迭代创新：电子商务模式 ──┤               └─ B2G电子商务模式
                        │
                        │               ┌─ O2O电子商务模式
                        │               │
                        体验新型电子商务模式 ─┼─ F2C电子商务模式
                                        │
                                        ├─ C2M电子商务模式
                                        │
                                        └─ 自营类B2C模式、F2C模式与C2M模式的区别
```

第一节 初识传统电子商务模式

【探索与叩问】

提起电子商务，很多人第一反应就是淘宝、天猫、京东等成熟的电商平台，这些平台上有海量的买家、卖家和商品。今天，电子商务已经成为我们的一部分，无论是身居闹市还是身处偏远地区，只要上网，我们便能感受到电子商务的便捷、迅速与神奇。

不同的电子商务平台给我们提供相似服务的同时，总让我们在无形中感受到它们之间或清晰或模糊的区别。你是否曾经想过，为什么存在这些差异？

【初探与感知】

根据不同的分类标准，电子商务可以分为不同类型。如按交易商品的内容不同，电子商务可分为实体商品电子商务和虚拟商品电子商务；按服务对象的区域不同，电子商务可分为内贸电子商务和外贸电子商务；按用户使用的终端不同，电子商务可分为传统电子商务和移动电子商务。传统电子商务模式主要指 B2B、B2C、C2C、B2G 4 种电子商务模式。

一、B2B 电子商务模式

（一）B2B 电子商务的概念

B2B（Business to Business）电子商务是指企业与企业之间通过互联网进行商品、服

务及信息交换的电子商务活动，包括询价/报价、拟定/签订电子合同、订货/接受订货、付款/收款等商务活动的完整过程。例如，企业与供应商之间的采购，企业与商品供应商、零售商之间的供货，企业与仓储、物流公司的业务协调，等等。

（二）B2B 电子商务的意义

B2B 电子商务是互联网最有价值的应用之一。它使企业的生产制造社会化，采购管理和销售电子化，一方面，在很大程度上起着降低交易成本、提高销售效率的作用，如减少中间销售环节，提高了商品和定价的透明度，提高了交易效率；另一方面由于 B2B 电子商务整合了供应链上的信息流，极大地消除了企业之间的信息不对称，带来物流和资金流效率的提升、库存的降低。另外，B2B 电子商务还可以增加商业机会，如有更多的推广渠道，令企业有更多被找到的机会。

（三）企业 B2B 业务实现方式

企业 B2B 业务实现方式主要有以下两种。

（1）由企业自建平台以产销供应链为主。海尔集团创立于 1984 年，是全球大型家电品牌。在互联网时代，海尔集团致力于成为互联网企业，颠覆传统企业自成体系的封闭系统，自建平台，坚持以用户为中心。

（2）利用第三方平台。第三方平台能带来采购用户，中小企业可以在第三方平台开展电子商务，如 1688 网（见图 2-1）、环球资源网等。

图 2-1　1688 网站首页

（四）B2B 平台类型

B2B 电子商务模式下的平台类型主要有两种：一种是专业型，也称为垂直型，专门服务于一个特定的行业或特定的专业领域，如中国化工网、我的钢铁网；另一种是综合型，也称为水平型，将多个行业的买方和卖方集中到一个市场上，如阿里巴巴、慧聪网、环球资源网。

（五）B2B 平台盈利模式

B2B 平台常见的盈利模式主要有以下 4 种。

（1）会员费。注册为 B2B 平台的会员，每年要交纳一定的会员费。目前，会员费已成为我国 B2B 平台主要的收入来源。例如，阿里巴巴收取中国供应商、诚信通两种类型的会员费。

（2）广告费。B2B 网站的广告主要是根据其在首页位置及广告类型来收费。例如，1688 网站有商品展示广告、促销活动广告、类目推荐广告等多种推广形式可供商家选用，如图 2-2 所示，助力商家在不同场景精准触达目标用户，提升品牌曝光与商品销量。

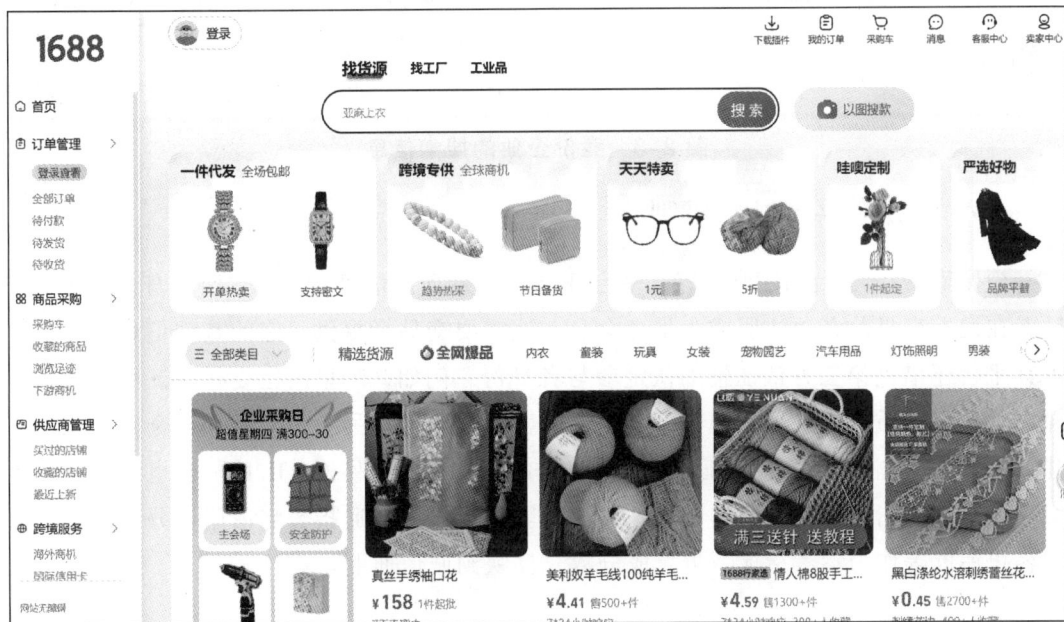

图 2-2 1688 网站的广告类型

（3）竞价排名。在 B2B 网站，系统会根据广告主付费高低来决定相应商品在搜索引擎结果页面中的排名顺序，一般情况下，出价越高且质量越好的广告通常会获得靠前的排名位置，从而获得更多的曝光机会和点击量。以关键词"茶具"为例，竞价企业在 1688 上的搜索信息如图 2-3 所示。

（4）增值服务。B2B 平台不仅会为企业提供贸易供求信息，还会提供一些独特的增值服务，包括企业认证、独立域名、行业数据分析报告、搜索引擎优化等。

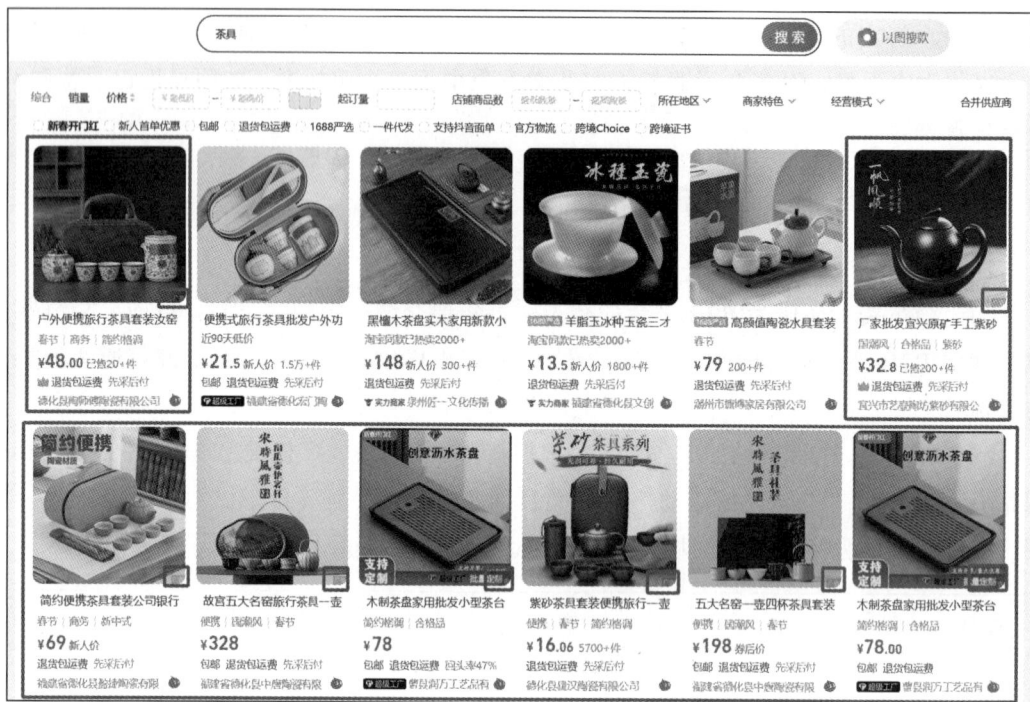

图 2-3　竞价企业的搜索信息

（六）B2B 平台诚信机制

为保障 B2B 平台的正常运行，平台建立了一系列诚信机制。一方面是身份认证，交易者在发生交易前必须注册成为平台会员，这需要交易者提供一定的基础信息；此外，B2B 平台还借助第三方认证辅助认定参与者身份，例如，阿里巴巴委托认证机构通过工商局对商家资质进行认证，即有没有合法的营业执照等。另一方面是保证金，商家在入驻 B2B 平台时，需要交纳保证金，规范自己的运营行为；另外，B2B 平台也可以通过类似交易指数的指标反映商家的诚信，例如，阿里巴巴诚信通指数将信用评分、交易记录和客户评价等作为参考指标，折算成分数，反映到诚信通上。

（七）B2B 发展趋势

（1）B2B 行业更加细分。垂直型 B2B 平台通过聚焦优势品类，在商品和服务上专注行业特点，形成专业壁垒，专注于各行各业的销售以提供专业化、精细化的商品和服务，其专业性是综合型 B2B 平台所不能及的。

（2）B2B 平台合作共享。目前 B2B 平台盈利模式同质化明显，获客成本直接决定了盈利空间，而社交和共享模式可以降低获客成本，未来会有更多企业通过打造社群和共享方式降低获客成本。

（3）地方特色产业链集群。以重点行业、特点产业为基础的 B2B 电子商务，通过打通上下游产业链，聚合当地产业带的好商家、好货源，在 B2B 平台上构建专属卖场，同时整合线上线下服务型资源，带动整个产业链由简单的空间聚集转向专业化，形成上下游的良性互动。

📖 案例延伸

中国 B2B 市场交易规模近五年来一直保持稳步增长。B 端市场发展迅速，为企业采购提供了市场增长点，发展前景良好。

近年来，综合型、垂直型采购平台不断发展，为企业采购提供前期规划、采买、物流、售后等全方位服务，贯穿企业采购的全流程。企业通过采购平台完成采买，不仅优化了供应链管理，提高了采购效率和质量，也促进了企业后续业务的完善与发展。随着科技的发展，企业采购的数字化、智能化程度逐渐加深，传统采购方式逐渐退出历史舞台。例如，苏宁提出了智慧采购等智能化采购理念和服务，通过电子合同、电子报表、区块链技术、人工智能预测等赋能企业采购的全流程。未来，智能化企业采购或成为行业竞争热点。

目前，中国 B2B 企业包括 B2B 电子商务衍生的采购平台、消费类电子商务衍生的采购平台及品牌商自建电子商务采购平台。电子商务平台详细图谱如图 2-4 所示。

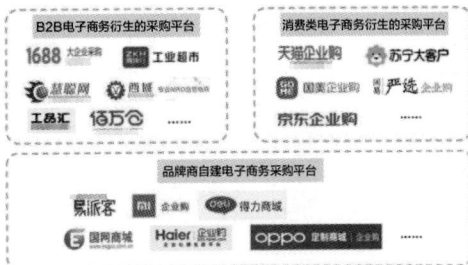

图 2-4　电子商务平台详细图谱

👤 二、B2C 电子商务模式

（一）B2C 电子商务的概念

B2C（Business to Consumer）指企业与个人消费者之间进行商品或服务交易的电子商务模式。B2C 电子商务以网络零售业为主，借助互联网开展在线销售活动，直接面向消费者销售商品和服务，通过互联网为消费者提供一个新的购物环境。这类电子商务的基本表现行为为在线零售，企业通过建立自己的网站，推销自己的商品（如食品、服装等消费品）、服务（如远程教育、在线医疗等网络服务），使消费者可以通过访问网站浏览商品，进行网上购物或接受服务。网站一般由在线购物场所、配送物品系统、消费者身份认证系统及贷款结算的银行 4 部分组成。

（二）B2C 平台类型

B2C 平台根据交易客体可以分为：电子商务企业建网站直接销售型，代表平台有亚马逊、当当等；电子商务企业建网站提供交易平台型，代表平台有天猫商城等；传统制造商建网站销售型，代表平台有戴尔等；传统零售商建网站销售型，代表平台有博库网、国美等。

根据经营商品范围分类，B2C 平台可以分为：专业型，也称为垂直型，如博库网、戴尔等；综合型，也称为水平型，如沃尔玛、当当等。

根据交易形态分类，B2C 平台可以分为：零售型，如苏宁易购等；团购型，如拼多多等。

根据商品形态分类，B2C 平台可以分为：商品零售型，如苏宁易购等；服务型，如美团等。

（三）B2C 典型平台

（1）天猫商城

天猫商城是一个综合型购物网站，通过整合数千家品牌商、生产商，为商家和消费者提供一站式解决方案。天猫平台的影响力强、品牌吸附能力强，其商城首页如图 2-5 所示。

图 2-5　天猫商城首页

（2）京东商城

京东商城为专业的综合网上购物商城，该平台早期主营计算机、通信和消费电子产品等 3C 商品，后逐步拓展品类，现在销售数万个品牌、4020 万种商品，包括家电、手机、母婴、服装等品类。京东商城秉承"客户为先"的理念，所售商品为正品行货、全国联保、机打发票，其首页如图 2-6 所示。

京东商城最大的特点是采用直营销售与商家进驻相结合的方式，是我国拥有最大的独立物流基础设施的电子商务平台。

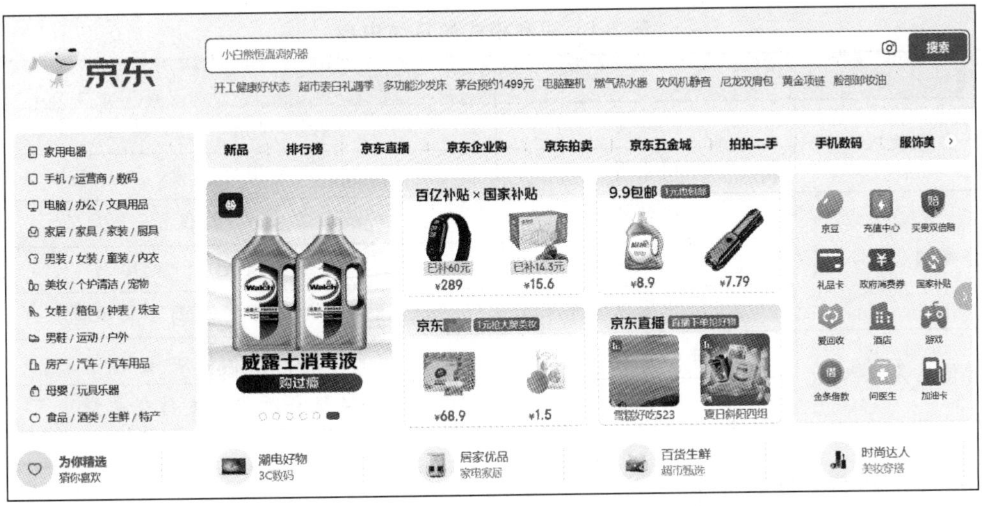

图 2-6 京东商城首页

📑 **行业洞察**

　　根据贝哲斯咨询的调研数据，2024 年全球 B2C 电子商务市场规模为 4.84 万亿美元，预计到 2030 年其规模将达到 7.45 万亿美元。在 2024 年的全球 B2C 电子商务市场中亚太地区占据主导地位。其中，中国和印度等新兴国家强劲的经济增长是亚太地区 B2C 电子商务市场的主要推动力。

　　国内 B2C 平台则呈现出多元化的竞争格局，天猫和京东凭借其强大的品牌影响力和供应链管理能力，继续占据市场主导地位。拼多多通过低价策略和社交电商模式迅速崛起，成为重要的市场参与者。唯品会、苏宁易购、当当网等平台则在各自的优势领域保持竞争力。亚马逊中国则在跨境电商领域发挥其全球资源优势。

👤 三、C2C 电子商务模式

（一）C2C 电子商务的概念

　　C2C（Consumer to Consumer）电子商务指用户与用户之间通过网络商务平台进行交易的一种电子商务模式。C2C 电子商务主要由卖方、电子交易平台供应商、买方构成。C2C 的特点就是商品种类齐全、卖家的利益可以得到充分保证、给买家带来实惠和便利，也为社会带来创业、就业机会。但是监督管理不到位容易导致假货横行，售后服务难以保证，且采用第三方物流，出现问题难以归责。

（二）C2C 平台盈利模式

　　C2C 平台的盈利模式主要有广告收入、会员佣金收入、增值服务收入，如表 2-1 所示。

表 2-1　盈利模式的具体内容

盈利模式	收费内容	具体形式
广告收入	广告费	推荐位费用、竞价排名
	搜索费	关键字搜索
会员佣金收入	店铺费	年租费/月租费
	交易服务费	按交易金额提成一定比例
	商品登录费	商品图片发布费、橱窗展示费
增值服务收入	特色服务费	商品的特色展示费用
	服务费	物流服务收费、支付交易费

（三）C2C 典型平台

（1）淘宝网

淘宝网是亚太地区较大的网络零售平台，由阿里巴巴集团在 2003 年 5 月创立。

淘宝网以"电商+内容"为新发展趋势，满足消费者对个性化及设计感商品的需求。在这样的需求背景下，涌现出了两类突出的创业人群——特色商家和内容达人，他们通过独特的商品和内容吸引了大量消费者，推动了平台的创新和发展。特色卖家通过满足特定消费者群体的个性化和差异化需求，以稳定的品质获得稳定的市场区分度，具有私域运营和内容运营的独特优势。内容达人作为导购生态的重要角色，有丰富的专业知识与经验，有敏锐的潮流嗅觉与个性态度，乐于分享，具有消费者运营的强劲实力。淘宝网首页如图 2-7 所示。

图 2-7　淘宝网首页

（2）eBay

eBay（中文名为电子湾、亿贝、易贝）是一个可让全球消费者在网上买卖商品的线上拍卖及购物网站，也是中国的外贸门户。eBay 于 1995 年 9 月 4 日创立于加利福尼亚州圣何塞，eBay 首页如图 2-8 所示。

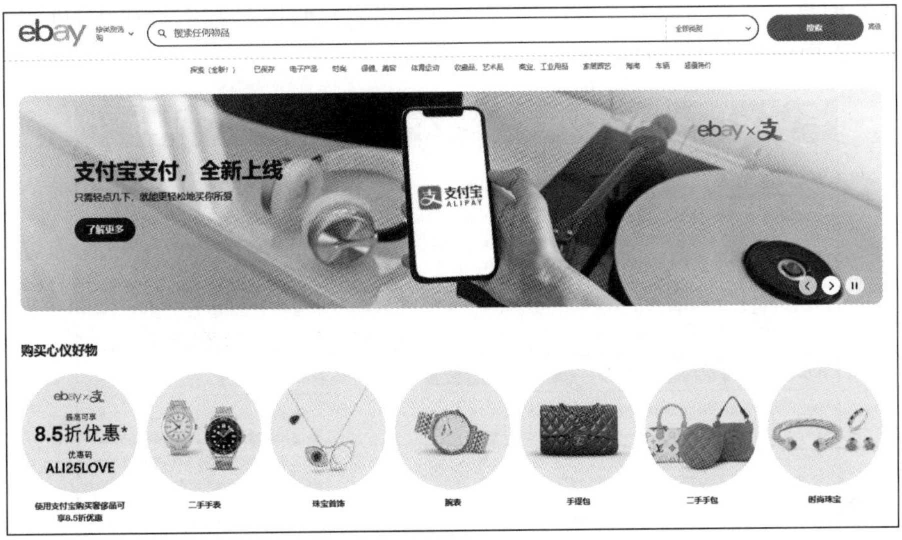

图 2-8　eBay 首页

四、B2G 电子商务模式

（一）B2G 电子商务的概念

B2G（Business to Government）电子商务，指企业与政府机构之间通过互联网进行交易的电子商务模式。B2G 电子商务即政府部门依托互联网等信息技术手段，将与企业经济活动相关的各类事项进行电子化、数字化处理的一种电子商务模式，如电子采购与招标、电子通关、电子报税、电子商检和网上年检等。这种模式搭建了企业与政府之间的贸易桥梁，建立起有效的行政办公和企业管理体系，提高了政府工作效率。

B2G 电子商务是电子政务的重要形式，其显著特点是速度快、信息量大。由于交易活动是在网络上完成的，企业可以随时随地了解政府的动向，还可以减少中间环节的时间延误和成本费用，提高政府办公的公开性、透明度及服务效率。

（二）B2G 电子商务的应用

B2G 电子商务比较典型的应用主要有以下方面。

（1）电子采购与招标

政府本身是一个巨大的消费者，每年都要购买大量的公共用品。在 B2G 电子商务中，政府通过网络公布其采购与招标信息，为企业特别是中小企业参与政府采购提供了必要帮助。政府采用电子采购与招标的方式，即政府在网络上直接进行商品和服务的招标与采购，企业可从网上下载招标书，以电子数据形式发回投标书，通过网络完成招投标与采购过程，这有助于企业公平、公开、公正地竞争，有效降低交易成本。电子采购是电子商务的重要形式，政府采购工作电子商务化，是政府采购体制发展的必然趋势。图 2-9 所示为中国政府采购网页面。

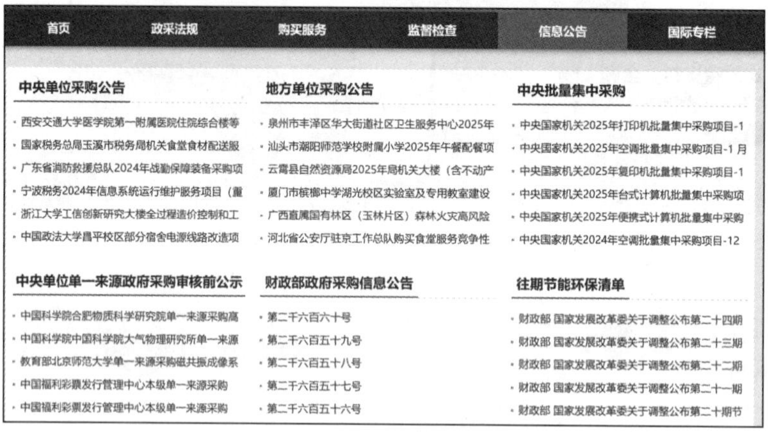

图 2-9　中国政府采购网页面

（2）电子报税

企业通过政府税务网络系统，在家或办公室就能了解税收政策、完成税务登记申报、查询税收公报等业务，这既方便了企业，也提高了政府部门的工作效率，减少了税务开支。B2G 电子商务代表网站有国家税务总局网站（如图 2-10 所示），网站的功能定位表现为税务公开、税法宣传、咨询辅导、纳税服务、公众参与。

图 2-10　国家税务总局页面

（3）电子通关

电子通关也是 B2G 电子商务的典型应用，即采用网络信息技术，将检验检疫机构签发的出入境通关单的电子数据传输到海关业务系统，海关将报检报关数据比对确认相符合后，予以放行的通关形式。海关是我国政府部门中信息化建设起步最早和应用水平较高的部门之一。例如，中国电子口岸由国务院 16 个部委共同建设，中国电子口岸数据中心承建，主要承担国务院各有关部门间与大通关流程相关的数据共享和联网核查，面向企业和个人提供"一站式"的口岸执法申报基本服务，中国电子口岸网站如图 2-11 所示。

图 2-11　中国电子口岸页面

🔍 创新驱动

电子政务作为电子信息技术与管理的有机结合，成为当代信息化的最重要的领域之一。电子政务是指政府机构在其管理和服务过程中运用现代资讯技术，实现政府组织结构和工作流程的重组优化。

推动电子政务的发展，可以带来以下好处。

（1）提高政府的办事效率。政府依靠电子政务信息系统可以办更多的公务，行政管理的电子化和网络化可以取代很多过去由人工处理的烦琐劳动。

（2）提高政府的服务质量。实施电子政务以后，政府部门的信息发布和很多公务处理转移到网上进行，给企业和公众带来了很多便利，如企业的申报、审批等公务转移到网上进行，可以大大降低企业的运营成本，加快了企业的决策速度，这又从另一个方面促进了经济的繁荣。

（3）提高政府工作的透明度。政府在网上发布政府信息、公开办公流程等，保护了公众的知情权、参与权和监督权。

（4）有利于政府的廉政建设。电子政务规范办事流程，公开办事规则，加强了和公众的交互。那些容易滋生腐败的"暗箱操作"在现代化的电子政务模式下将大大减少，这有利于促进政府的廉政建设。

（5）提高行政监管的有效性。我国建设的"金关工程"和"金税工程"大大减少了偷税、漏税和出口套汇等行为。

📑 行业洞察

"让天下没有难做的生意"，马云在创建阿里巴巴的时候如是说。

互联网正在构建一个新的商业时空，电子商务正在开启一个新的商业时代。电子商务正在改变中国，而中国的电子商务正在以其独特的购物体验从传统零售业手中争夺消费者。

阿里巴巴作为中国电子商务行业的航母，为国内电子商务模式的发展提供了丰富的参考形式，其业务范围如图 2-12 所示。

图 2-12　阿里巴巴业务范围

1999 年，在中国杭州这片充满活力的土地上，阿里巴巴集团应运而生。集团的首个网站——英文全球批发贸易市场阿里巴巴国际站横空出世，标志着其"会员费+增值服务"的 B2B 商业模式之路逐渐明晰，为后续的辉煌发展奠定了坚实的基础。

2023 年，阿里巴巴随着电子商务发展的洪流，进入汇聚数百万零散商户的淘宝 C2C 时代，打造了阿里巴巴庞大体量的根基；从淘宝迁移而来的优质商家资源，加上因电子商务行业整体发展起来后持续进入线上的大品牌商家，让天猫成为国内 B2C 平台的中流砥柱，至今仍是阿里巴巴电子商务的主力，也是当之无愧的中国电商标杆。

随着阿里巴巴电子商务业务进入成熟期，阿里巴巴的业务全方位拓展，在支付与金融、物流、社群及 O2O 服务（支付宝及蚂蚁金服、菜鸟、口碑、饿了么、盒马、共享单车等）、文娱、钉钉办公等领域攻城略地，可谓无往而不胜。

以阿里云为代表的人工智能、芯片、大数据、云服务等业务，正在成为阿里巴巴新的核心竞争力发展方向。传统电子商务业务已经到了红海，所以在这几个领域打造核心能力、打造技术性竞争壁垒，决定着阿里巴巴未来的竞争实力。阿里巴巴在大数据、云服务领域已有显著优势，阿里云已成为国内市场第一大平台。这就是阿里巴巴的实力，也是其强大竞争力的体现。

阿里巴巴的人工智能及芯片技术，仍处在起步和发展阶段。在未来，阿里巴巴作为一个超级互联网企业，打造强大的人工智能及芯片技术，都是不可或缺的。平台服务、人工智能、网络社会、精准营销、智慧城市、金融科技……阿里巴巴有充分的发展空间，但是有一个前提，那就是一切都要在监管下去创新，顺势而为的阿里巴巴必将辉煌继续。

【演练与致用】

为了更好地理解电子商务交易模式的相关知识，下面通过实训来进一步了解电子商务的不同交易模式。

实训任务

1. 查找商品在 3 个不同店铺中的信息，完成表 2-2。

表 2-2 不同店铺商品信息对比

序号	商品链接	店铺名称	平台名称	平台特色	商品价格	商品的最小购买件数	分析价格不同的可能原因	服务详情（如是否包邮、退换货流程是否方便）
1	babycare 婴儿湿巾婴幼儿新生手口屁专用湿纸巾家庭实惠装80抽3包-天猫							
2	babycare 湿巾婴儿手口专用新生儿宝宝家用擦屁屁湿纸巾 80 抽 3 包-1688							
3	babycare 婴儿湿巾手口专用新生儿加厚宝宝湿纸巾80抽带盖*3 包-天猫超市							

2. 绘制 B2C 业务流程图。

茵曼品牌方在 B2C 平台上发布了一款连衣裙，李红作为消费者想要在网上看看有没有符合意向的服装，在闲逛中看到了茵曼发布的这款裙子，于是经历了发起订单等一系列操作，成功交易。通过在 B2C 平台上进行实际交易操作，画出完整的 B2C 业务流程图。

实训步骤

1. 3～5 人一组，小组内自行分配角色和各成员任务。

2. 理解卖家和买家的具体操作步骤。

3. 画出 B2C 业务流程图，并以小组为单位展示成果。

第二节 体验新型电子商务模式

【探索与叩问】

电子商务的发展不仅给企业带来了效益增长，也给消费者的生活带来了翻天覆地的变化，购物网站的兴起让消费者足不出户就可以买到全球质优价廉的商品。当普通购物需求被满足后，电子商务逐步向与消费者生活更密切的衣食住行等领域渗透，提供本地生活服务，而新消费场景的出现，也激发了消费者个性化的消费需求。你是否有感受到这些需求的变化呢？

【初探与感知】

随着互联网的普及和现代科学技术的迅猛发展，电子商务模式也在不断迭代创新。电子商务的交易主体不再局限于企业、政府部门和个人消费者，工厂、制造商等开始作为直接交易主体参与电子商务，同时线上线下渠道也开启了融合的进程，新型电子商务模式如 O2O、F2C、C2M 等不断涌现。

一、O2O 电子商务模式

（一）O2O 电子商务的概念

O2O 是一种新型的商业模式，即通过线上的服务带动线下的消费的电子商务模式。

将线下的商务机会与互联网结合，让互联网成为线下交易的前台，同时让线下商务优质的体验和互联网社群相互融合，线下的"店商"与线上的"电商"整合，二者互为支撑，有利于企业抓住更多商业机会。

（二）O2O 电子商务的模式分类

O2O 目前主要有 4 种主流的模式。

模式一：线上—线下。企业建立线上平台，通过线上平台对线下实体店的交易起到带动作用。消费者首先在线上挑选、了解商品，然后通过网络完成支付，最后到线下商店享受服务。这一模式因其强大的资源转换功能被普遍运用于生活服务型企业，如携程、Airbnb、大众点评、美团外卖等。

模式二：线下—线上。企业通过线下实体店为消费者提供商品与服务，然后建立线上平台，将线下的交易引流到线上，通过线上平台，消费者可以完成挑选商品、支付、享受售后服务等一系列的动作。这一模式的重点在于线上与线下构成整体形成闭环，多用于零售型企业，如苏宁易购与国美电器。

模式三：线上—线下—线上。企业首先建立线上平台，通过线上平台进行宣传、营销等一系列的活动，然后将线上消费者引流至线下门店进行消费体验，最后消费者通过线上平台完成支付。这一模式在团购企业中运用得比较广泛。

模式四：线下—线上—线下。企业首先通过线下实体店进行营销活动，然后将线下消费者引流至自建或第三方线上平台（如微信、支付宝）进行交易活动，最后消费者在线下门店获取商品或服务。这一模式主要适用本地的生活服务类企业，如餐厅、美容美发机构等。

（三）O2O 模式应用领域

在"互联网+"热潮的推动下，我国 O2O 模式发展较为迅速，被运用在生活服务场景的方方面面，如餐饮外卖、美容美发、房产经纪、社区等，如图 2-13 所示。根据 O2O 模式的特点，O2O 市场划分为到店和到家两个市场，如图 2-14 所示。

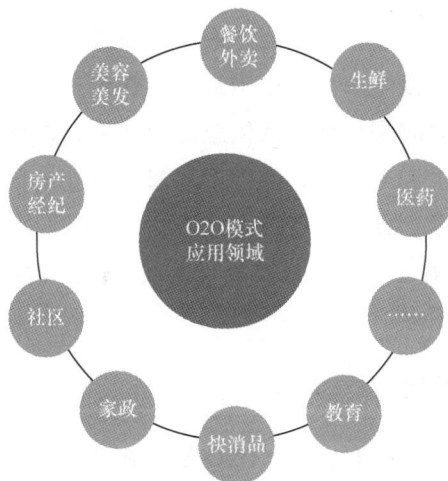

图 2-13　O2O 模式应用领域

到店 O2O 聚集店铺中的商品或服务交付，消费者通过线上平台在线购买并支付或预付某类商品或服务的款项，在线下门店完成体验或消费。

到家 O2O 聚焦上门商品或服务交付，商品交付或服务产生的场所在社区、校区、商区之内，且必须同时涉及线上流程及线下商品消费或服务的体验。

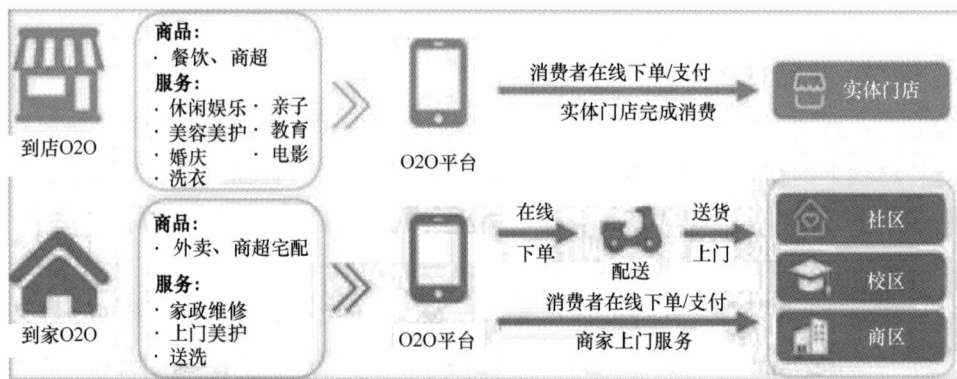

图 2-14　O2O 市场划分

（1）到店 O2O 典型案例

大众点评是中国领先的本地生活信息及交易平台，也是全球最早建立的独立第三方消费点评网站之一。大众点评作为一家城市生活消费指南网站，主要致力于为消费者提供对本地餐饮、休闲、娱乐等生活服务发表评论、分享信息的平台。大众点评为消费者提供商户信息、消费点评及消费优惠等信息服务，同时提供团购、餐厅预订、外卖及电子会员卡等 O2O 交易服务，它所提供的值得信赖的本地商家、消费评价和优惠信息服务已经深入人心；2015 年 10 月，大众点评网与美团网合并成为新公司，大众点评为美团旗下的品牌。

（2）到家 O2O 典型案例

外卖产业的持续快速增长，推动了线上线下融合发展，拓宽了消费应用场景，为餐饮行业发展注入了新动能。饿了么作为中国最早的在线外卖平台之一，于 2008 年创立，主营在线外卖、新零售、即时配送和餐饮供应链等业务，以打造 30 分钟生活圈为使命，致力于用科技打造本地生活服务平台，推动中国餐饮行业的数字化进程，将外卖培养成中国人继做饭、堂食后的第三种常规就餐方式。

饿了么除了具有搜索附近外卖、查看外卖美食点评、收藏等基础功能外，于 2021 年 4 月上线了"充电宝"服务。

（四）O2O 模式优势

相比传统零售模式与传统电商模式，O2O 模式在消费者、商户、平台方面具有独特的优势。

（1）消费者方面

相比传统零售模式，O2O 模式在商品购买、商品信息获取、服务体验方面更便捷且价格更便宜；相比传统电商模式，O2O 模式将线上与线下相连接，克服了商品质量与售后服务保障不全面的局限性。

因此，消费者能获取更丰富、全面的商家及服务信息，更加便捷地向商家在线咨询并进行预购、预约，获得相比线下直接消费更为便宜的价格。

（2）商户方面

相比传统零售模式，O2O 模式受时空限制更小，能在一定范围内降低实体店租金与人工成本；以互联网为媒介能使商品的推广与营销范围更广；此外，线上平台也更便于收集消费者需求和反馈，有利于消费者关系的维护。

相比传统电商模式，O2O 模式多利用自身资源，将物流变为自己的产业之一，提升供应链效益。

因此，商家具有更多宣传、展示的机会以吸引新消费者，降低实体店对地段的依赖性，降低租金成本。通过在线有效预订，不仅能节约成本，也能加强和消费者的沟通，了解消费者心理，掌握消费者数据，加强对消费者的维护和提升营销效果。

（3）平台方面

相比传统零售模式，O2O 模式能打破时间和空间的限制，让消费者更便捷地获取商品与服务。相比传统电商模式，O2O 模式的消费者体验更有保障，且平台与消费者日常生活息息相关，这能增强消费者黏性，对商家有显著的推广作用，可吸引线下生活服务商家加入平台。对平台而言，巨大的广告收入空间及形成平台规模后的盈利模式促进了平台的发展。

创新驱动

数字经济与服务经济的深度融合，拉开了中国生活服务业数字化发展的大幕，不仅极大便利了居民生活，也不断推动服务业及相关行业变革，为经济迈向高质量发展注入了持久的动力。

回顾中国生活服务业数字化历程，大致经历了信息在线化、交易在线化、服务移动化 3 个阶段，如图 2-15 所示。

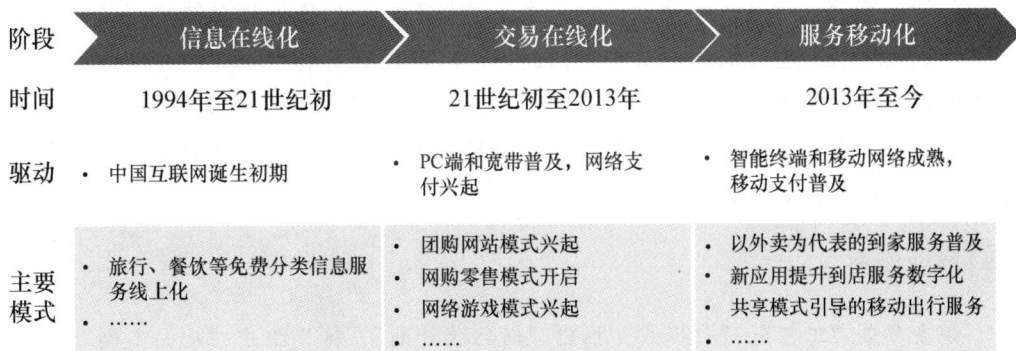

阶段	信息在线化	交易在线化	服务移动化
时间	1994年至21世纪初	21世纪初至2013年	2013年至今
驱动	• 中国互联网诞生初期	• PC端和宽带普及，网络支付兴起	• 智能终端和移动网络成熟，移动支付普及
主要模式	• 旅行、餐饮等免费分类信息服务线上化 • ……	• 团购网站模式兴起 • 网购零售模式开启 • 网络游戏模式兴起 • ……	• 以外卖为代表的到家服务普及 • 新应用提升到店服务数字化 • 共享模式引导的移动出行服务 • ……

图 2-15 中国生活服务业数字化历程

（1）信息在线化：1994 年至 21 世纪初，旅游、餐饮等服务和商户信息实现初步线上化，在线点评模式出现，数字化生活服务初具互动性。

（2）交易在线化：21 世纪初至 2013 年，生活服务业全面开启线上交易、线下服务的商业模式，团购网站兴起引发"千团大战"。

（3）服务移动化：2013 年至今，随着移动互联网的普及和线上支付等基础设施的完善，基于位置服务（LBS）的生活服务新形态蓬勃发展，推动生活服务业数字化水平迈上新台阶。

在数字技术不断迭代、服务业格局持续演变等背景下，未来生活服务数字化进程将加快，进一步促进生活服务业高质量发展。

二、F2C 电子商务模式

（一）F2C 模式内涵

F2C（Factory to Customer）是指从厂商到消费者的电子商务模式。F2C 模式是品牌公司把设计好的商品交由工厂代工后通过终端送达消费者，确保商品合格，同时质量服务都有保障。F2C 模式为消费者提供了具有性价比的商品。

在传统流通模式下，即工厂—品牌公司—总代理—经销商—卖场—消费者，由于环节太多，层层加价，商品到达消费者手里时价格往往居高不下。而在 F2C 模式下，品牌公司把设计好的商品交由工厂代工后直接通过终端送达消费者，流通路径短，这样可确保商品价格便宜，同时质量服务都有保障。

（二）F2C 模式优势

厂商作为销售方，凭借其强有力的线下产业支撑、有效的质量控制、快速的市场反应，可以很好地保证自身信誉、商品质量和售后服务，并且在价格上还具有一定的吸引力。对于消费者而言，其无须搜索比价，商品质量有保障且售价相对便宜，且在平台上退货便捷，售后服务也有保障。对于厂商而言，F2C 模式有利于企业提高消费者的忠诚度，因为商品质优价廉，消费者会主动消费，这是厂商愿意看到的一种良性消费。另外，F2C 模式便于企业进行全面的按需管理，有效地降低企业的生产运作成本，此外商品利润可不受中间商的盘剥，有利于降低企业商品的销售价格。

行业洞察

拼多多创"工厂电商"模式，推出"新品牌计划"，持续推广"反向定制、品销合一"的新品牌孵化模式，在短短几年时间里助推 50 个亿级新品牌。

一方面，在线消费新热点不断涌现。健康消费、绿色消费成为网络消费新趋势，直播电商、内容电商等娱乐和消费相结合的新模式受到消费者喜爱，国货品牌成为消费时尚，高性价比消费正在持续回归。例如，拼多多主打的"多实惠"定位，通过消费者直连工厂，提供了丰富的高性价比商品，受到消费者热捧。"90后"和"00后"的消费理念鲜明，对本土品牌的接受程度较高，对商品需求呈现出个性化、多元化等特点，愿意为商品设计、特色支付溢价。其消费习惯易与拼多多、天猫、美团等基于新技术的新商业模式相适应，为我国消费发展带来前所未有的新机遇。

另一方面，电商加快推动产业数字化发展。工厂电商模式成为亮点，其是将直播电商模式与制造业生产制造相融合的新兴商业模式，通过可视化的直播平台向消费者展示商品生产制造全过程，能够有效解决消费者对商品品牌缺乏认知度、品质缺乏信任等痛点，助力我国本土企业创建自主品牌，助推制造业产业链升级，引领国货品牌的消费增长。

拼多多是"工厂直播"电商模式的践行者与推动者。通过大力开展"中国制造"产业带工厂直播，推动了聚焦中国小微制造企业成长的"新品牌计划"，有效解决当前我国本土企业品牌建设能力不足、运营能力较弱等痛点，助推企业顺利打响自主品牌，助力国货品牌消费增长。2024 年，拼多多连续推出"百亿减免""电商西进""新质商家扶持计划"等举措，持续加大对商家的支持力度和扩大推动平台高质量发展的生态建设的投资。

以拼多多为代表的数字经济平台将成为新生产力的构成力量，持续赋能产销对接，助力拓展内需大市场，推动市场流通体系创新，更好地满足人民群众对美好生活的需求与愿望。

三、C2M 电子商务模式

伴随着移动互联网、大数据、人工智能、云计算的长足发展和消费产业升级，消费者个性化需求日益明晰，以消费者为中心的 C2M 商业模式优势逐渐显现，它能更好地满足新时代"小批量、多批次"的制造需求，实现"消费者"和"制造业"及"信息化"的高度融合。

（一）C2M 模式内涵

C2M（Customer to Manufactory）是一种新型的工业互联网电子商务模式，这种模式是基于 SNS（社交化网络服务）平台及 B2C 平台模式的一种新的电子商务模式。C2M模式的核心是"定制化生产"，依靠互联网将各生产线连接在一起，是一种基于计算机技术随时进行数据交换、实时监测消费者需求，并根据关键需求设定供应商和生产工序，最终生产出个性化商品的工业化定制模式。

在 C2M 模式下，传统企业将进入智能化个性生产模式，消费者可以根据自己的需求在工业互联网平台上发布自己的商品需求，也可以通过智能搜索，寻找到能够加工自己商品的企业。C2M 模式以消费者的需要为中心，进行商品的定制化生产，节省了产品的流通环节，也节约了企业的生产成本。C2M 模式如图 2-16 所示。

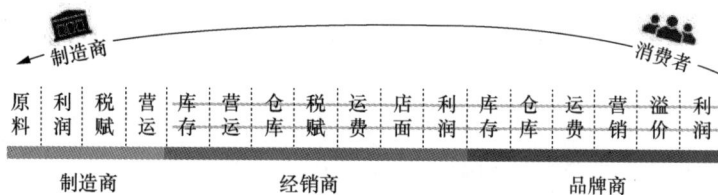

图 2-16 C2M 模式

2015 年 7 月，全球首家 C2M 电子商务平台"必要商城"上线。这是 C2M 模式首次应用在互联网电子商务中。以必要商城为代表的 C2M 电子商务平台，带动了汽车、家居、箱包、服装、眼镜等行业的一批企业向 C2M 模式转型。

（二）C2M 模式分类

C2M 模式一端连接制造商，一端连接消费者，通过构建极短链路去掉库存、物流、总销、分销等中间环节来降低成本，让消费者以低价购买高品质的商品。C2M 模式从概念的提出到商业化落地，分化出两种主要模式。

（1）个性化定制模式

以数字化技术对前端设计、中间订单处理、后端生产制造等环节的改造为基础，个性化定制模式在家居定制、服装定制两个领域率先实现落地。个性化定制模式一般以自营为主，最终形成一种新的品牌成长模式，例如尚品宅配、土巴兔、猪八戒网等。

（2）"平台—工厂"模式

该模式以平台大数据对消费者需求的分析及社群对消费者需求的感知为基础，将消费者需求汇总处理形成订单，直接交付工厂，最终由平台整合的供应链完成消费者交付，简化中间环节。时至当下，拼多多"拼工厂"，阿里巴巴"淘工厂""天天工厂"，京东"京造"，苏宁"拼拼工厂"，以及创立之初就采用 C2M 模式的网易严选等国内主流平台均以"平台—工厂"模式入局 C2M。

（三）C2M 模式优势

C2M 模式是电子商务发展到一定阶段的必然产物，是交易环节高度成熟后向两端的自然延展。C2M 模式的价值在于解决 C 端和 M 端的痛点。

C 端痛点是中间环节层层加价，个性化需求难以得到满足。在传统的商品零售模式中，以服装销售为例，商品从出厂到消费者手中至少要经手 4 个中间商（品牌商、经销商、批发商、零售商），假设每个中间商要为商品周转付出 15% 的仓储、物流等相关成本，同时需要保持 15% 的毛利率，那每层的加价就是 30%。在实际情况下，品牌商还会在营销上花费大量费用，而这些费用大部分会由消费者承担，因此最终消费者付出的价格一般为商品出厂价的 5～6 倍，如果是知名品牌，溢价则会更高。

在传统服装行业中，C 端消费者需要承担中间环节的层层加价，如图 2-17 所示。

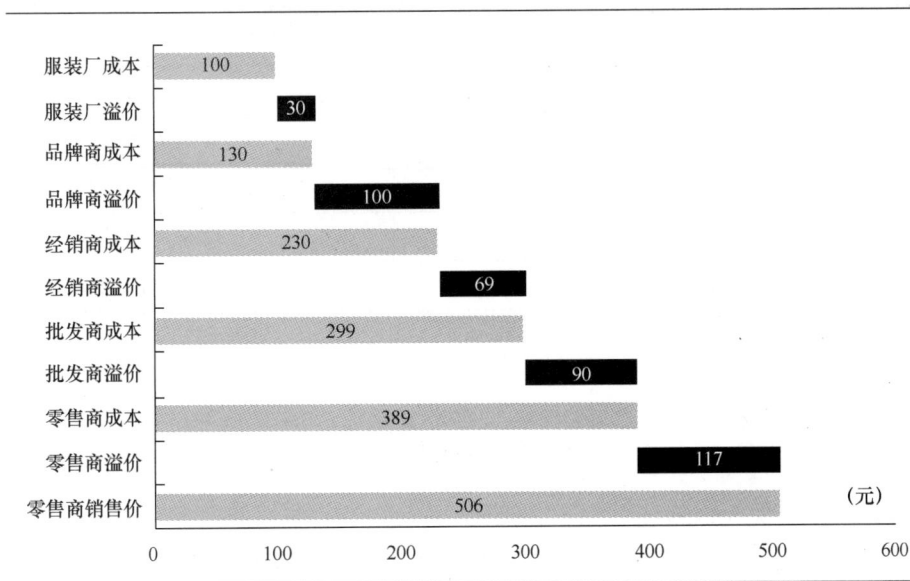

图 2-17　传统服装行业 C 端流程

M 端痛点是低毛利、高库存、高人力成本上升。M 端主要指代工企业。

低毛利：主要负责生产、加工、组装的代工企业具有较小的利润空间。大部分行业中的代工企业往往夹在原料商与品牌商之间，缺乏议价权；同时又相对远离消费者，无法自主地打开渠道，因此其利润空间较为有限。

高库存：在传统的生产模式中，品牌商往往会提前对市场的消费趋势进行判断，向代工企业下达订单并进行生产。但如果品牌商误判市场流行的趋势，那么最终商品上市后销售情况不及预期，就会产生滞销，导致库存堆积。而传统的刚性生产线往往都是大批量、长周期生产的，无法根据市场的需求而实时调节。因此，单个品类的滞销可能就会导致大量的库存积压。由于代工企业在和品牌商的合作关系中是弱势的一方，库存压力会让代工企业来承担，故而会对其周转造成不利影响。如果代工企业用传统模式经营自有品牌，那么库存风险均由代工企业承担。

高人力成本上升：随着近年来我国人均工资水平的提高，国内劳动力成本不断上升，一方面给制造业的成本端带来了更大的压力，另一方面导致部分外贸订单外流至劳动力成本更低的东南亚地区。

C2M 模式下的产业链中并无品牌商、经销商、批发商等的参与，帮助厂商直达终端消费者，协助制造商完成生产线的柔性改造，实现按需个性化生产，因此 C2M 模式具备很多传统模式不具备的优势。传统模式与 C2M 模式的对比如表 2-3 所示。

表 2-3　传统模式与 C2M 模式的对比

	传统模式	C2M 模式
生产逻辑	供给驱动，先生产后销售	需求驱动，先有订单后生产
设计差异	同质化设计	个性化定制
库存水平	高库存	零成品库存
渠道差异	中间渠道层层加价	消费者直接对接制造商
成本差异	综合成本高	综合成本低
消费者黏性	消费者对制造商的黏性较低	消费者对制造商的黏性较高

📖 案例延伸

C2M 模型

案例 1：必要商城

必要商城是国内首个将 C2M 概念投入实践的电子商务平台。必要商城是必要科技旗下的互联网电子商务平台，必要科技成立于 2013 年，以"大牌品质，工厂价格"为宗旨，历时多年打造 C2M 底层操作系统，连接制造商和消费者、供给端和需求端，打造工厂直连消费者的电子商务模式。必要商城在 M 端直连国际一线品牌的制造商，制造商作为自主品牌入驻平台，必要商城向制造商输出柔性生产线改造能力，同时收取佣金；在 C 端连接消费升级人群，消费者可以在平台上填写个性化参数并进行下单，制造商接受订单后进行柔性生产，能够满足 C 端消费者追求高性价比及个性化的消费需求。

截至目前，必要商城已经覆盖眼镜、男装、女装、箱包、咖啡等多个品类，并在不同品类领域积累了优质的制造商资源，其中必然眼镜和小必咖啡是独具特色的两个 C2M 品类。必要商城在 C2M 模式的探索上起步较早且布局具有前瞻性，是目前 C2M 模式探索中的典型案例。

案例 2：淘宝特价版

淘宝特价版是阿里巴巴（以下简称"阿里"）C2M 战略布局的核心。2020 年 3 月，淘宝特价版 App 正式发布，与"超级工厂计划""百亿产区计划"共同构成阿里 C2M 战略生态。其中超级工厂计划数字化赋能工厂的技术升级，百亿产区计划负责扶持供应端的产业带，淘宝特价版则作为 C 端的入口，帮助制造商直达消费者。2020 年 9 月，淘宝特价版与阿里 1688 打通，阿里 C2M 战略生态得到进一步完善。

淘宝特价版的定位是 C2M 电子商务平台，其作为 C 端的入口在界面上和淘宝较为相似，但销售的商品大部分是直接来自制造商、产地的低价普通品质商品，其界面如图 2-18 所示。除了作为入口外，淘宝特价版的另一个作用在于收集消费者数据，为后续的数据赋能打下基础。

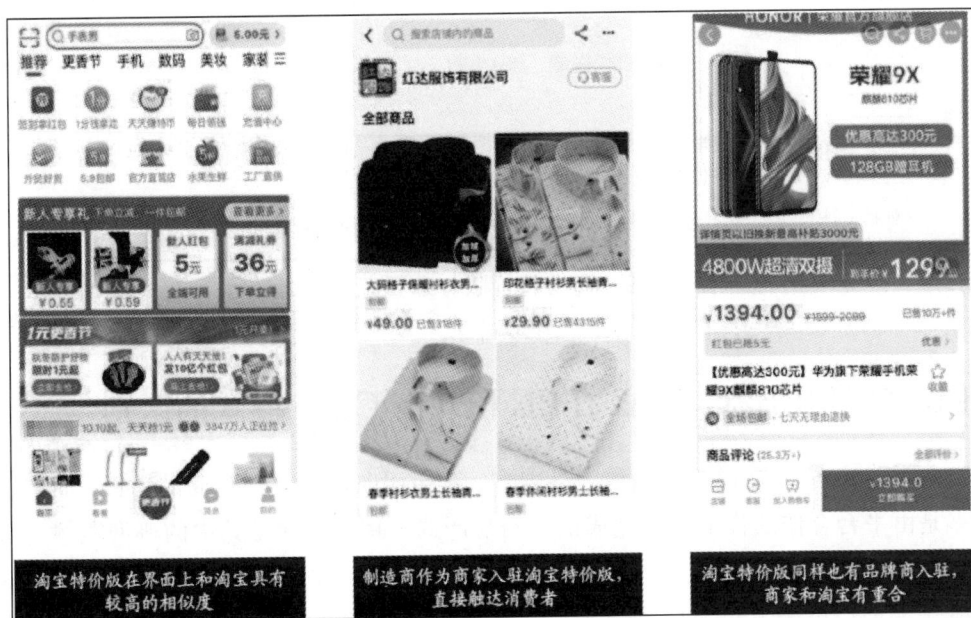

图 2-18　淘宝特价版界面

超级工厂计划依托阿里数字化能力，以数据赋能制造业，助力制造业企业技术升级。企业接入淘宝 C2M 系统后可以通过消费者大数据分析，精准了解消费者的需求偏好，进一步掌握相关市场的规模、热度、竞争情况，再根据市场情况制定新品开发及生产计划。阿里利用 C2M 数字化技术帮助企业实现以需定产、降本增效，发挥规模化效应，提供从新品开发到营销服务、供应链服务、金融服务的一站式服务。

百亿产区计划的目标是构建庞大的产业带集群，淘宝计划未来将浙江义乌、山东青岛、浙江织里、河北白沟、浙江温州等多个产业集群地带打造成为超级 IP，让消费者在淘宝特价版上一键点击即可查看整个产业集群的上下游产品的生产、设计、销售渠道等信息，并一站式完成浏览、咨询及下单全部交易流程。

从入驻商家来看，淘宝特价版中有部分是制造商，也有部分是中小品牌商及电商；而必要商城则完全是制造商作为品牌商入驻。从商品来源来看，淘宝特价版的商品部分直接来自制造商，部分来源于品牌商；而必要商城的商品直接来自制造商和产地。从生产和销售顺序来看，淘宝特价版通过数据帮助商家研判市场需求趋势，本质上仍是先生产后销售的传统模式；而必要商城则实现了先销售后生产的需求驱动模式。从个性化定制来看，淘宝特价版没有必要商城的产品定制选项。淘宝特价版与必要商城对比如图 2-19 所示。

	淘宝特价版	必要商城
入驻商家	制造商、中小品牌商、中小电商	制造商
商品来源	部分直接来自制造商，部分来源于品牌商	直接来自制造商、产地
生产和销售顺序	通过数据分析为制造商提供产品研发及生产建议，先生产后销售	制造商在接收到消费者的订单后再进行生产，先销售后生产
个性化定制	不支持消费者定制	支持消费者定制

图 2-19　淘宝特价版与必要商城对比

四、自营类 B2C 模式、F2C 模式与 C2M 模式的区别

自营类 B2C 模式是指由平台作为品牌方，直接面向消费者进行商品销售，而制造工作大多是由平台合作的代工厂来完成的。网易严选、京东京造是其中的典型案例。

F2C 模式是一种工厂直连消费者的商业模式，交易方包括生产者和消费者，双方一般基于平台以电子货币完成资金支付。F2C 模式的代表平台是拼多多，平台仅为连接工厂及消费者的渠道，工厂作为品牌商入驻平台，大多是对中低价格端的商品进行集单生产。

C2M 模式是消费者直达制造商的电子商务模式。平台通过互联网大数据整合消费者的商品定制需求，然后向制造商发送生产订单，去掉了品牌商、代理商和商场等中间环节，使商品几乎以批发价出售给消费者。

三种模式非常相似，均是引导消费者直接对接工厂，减少中间环节，让消费者以低价拿到高品质的商品。

三种模式的差异如下。

浅层差异：自主品牌性及库存水平差异。与 C2M 相比，自营类 B2C 模式下的平台依然作为品牌方，而非由工厂作为品牌方，对于制造方而言，"品牌商"这一环节仍未被完全消除；F2C 模式下的供给侧依然采取先生产后销售的模式，依然会有库存问题存在，和传统模式相比唯一的变化在于去除了中间流通环节，这在商品价格上有所体现。

深层差异：C2M不仅是一种电子商务模式，更代表着制造业整体的变革。仅从电子商务模式或是商业模式的维度来定义C2M模式，是远远低估了其重塑制造业的意义的。C2M模式的目标不单单是让消费者买到低价商品，帮助制造商消除库存这么简单，其终极目的是实现大规模的定制化生产。过去十多年，基于互联网的平台经济模式经过了B2C模式及F2C模式阶段，而C2M模式或将成为未来业态进化的下一个方向。所以C2M模式不仅要消除中间环节，更要对供给侧乃至需求侧进行改造升级。

自营类B2C模式、F2C模式与C2M模式的对比如图2-20所示。

自营类B2C模式	F2C模式	C2M模式
电子商务平台作为品牌方，向工厂下订单，请工厂代工，先生产后销售，以电商平台的品牌进行销售	电子商务平台仅为连接工厂与消费者的平台，工厂作为品牌方入驻，采用先生产后销售的模式	电子商务平台仅为连接工厂与消费者的平台，工厂作为品牌方入驻，采用先销售后生产的模式
特点一：自营模式，品牌属于电商	特点一：平台模式，品牌属于工厂	特点一：平台模式，品牌属于工厂
特点二：先生产后销售，面临库存压力	特点二：先生产后销售，面临库存压力	特点二：先销售后生产，无库存压力

图2-20 自营类B2C模式、F2C模式与C2M模式的对比

创新驱动

新消费成为引领国内大循环的重要动力，拼多多等国内数字经济平台在工业消费品C2M制造等现代流通体系中发挥着积极作用，并助推市场主体实现数字化转型，催生新业态、新模式，提升产业链、供应链、价值链效益，培育数字经济新动能。

C2M初步发展期以小型电商为主导，随着大型电商的入局、大数据技术的发展及消费升级带来的消费者个性化、多样化需求，C2M进入快速发展期。

阿里是C2M的先驱者之一，在2013年，阿里旗下的1688基于C2M理念推出"淘工厂"。而后在传统电子商务红利开始下降时，马云提出"新制造"战略概念，指出C2M模式为其制造核心，这意味着阿里正式进军C2M。

2018年11月，淘宝将天天特价升级为天天特卖，启动天天工厂项目，这是淘宝内部首个规模较大的C2M举措。2019年3月，阿里重启聚划算，与天天特卖整合，包括产地直供、C2M定制等，至此，阿里基本完成C2M战略雏形部署。2019年12月，淘宝事业群成立C2M事业部；2020年3月，淘宝正式发布C2M战略，以淘宝特价版、百亿产区计划和超级工厂计划为三大核心支柱。

其他电子商务平台紧跟阿里之后，相继布局 C2M。2018 年 12 月，拼多多启动"新品牌计划"，采用 C2M 模式共同打造"爆款"产品，2019 年 12 月，拼多多将"新品牌计划"升级为"新品牌联盟"。

2018 年 1 月，京东上线京东京造，这是京东集团首次尝试的精选电子商务联合中国制造业的平台，2019 年 9 月，京东打造京喜平台，拥有工厂直供专属频道。2019 年 10 月，苏宁正式发布苏宁 C2M 生态，并在 2020 年 1 月和首批 20 家企业签订 C2M 招商合作协议。

行业洞察

红领集团是一家以生产西装为主的服装生产企业。红领集团和很多国内同行一样，从接外贸代工订单开始，是一个典型的传统外贸加工工厂。服装行业的环节较少，包括研发设计、加工生产、品牌渠道运营。但在这条产业链上，利润分配十分不均，其中研发设计占 35%，品牌渠道运营占 55%，加工生产仅占整体利润的 10%。随着劳动力等要素的成本越来越高，商场专柜等流通环节占用的费用越来越多，代工企业的盈利空间不断被挤压，红领集团的日子也越来越不好过。

当时我国制造业中，大多都是这类加工生产型企业，长期处于价值链的最底端，不仅收益少，而且严重受制于上下游，自身生存十分被动。在这样的大环境下，红领集团董事长意识到："低成本、低价格不是制造业的方向，传统发展方式终将难以为继。"

2003 年，红领集团毅然敲响了从成衣生产到个性化定制转型之路的大鼓。十几年来红领集团累计投入数亿元资金，把 3000 多人的工厂作为试验室，用信息化手段和互联网的思维，对服装制造的转型升级进行了艰苦的探索与实践，研发出个性化西服定制柔性生产线——RCMTM（Red Collar Made To Measure）。在大数据的基础上，红领集团建立人机结合的定制生产流水线，实现计算机辅助下个性化定制服装的高效生产，并从商业和生产形态两方面形成了红领集团自己的模式。

商业模式上，红领集团致力于打造区别于传统电子商务的酷特智能 C2M 商业生态，消费者直接与工厂对接，实现个性化定制；生产模式上，红领集团由消费者个性化定制需求驱动，在数字化智能工厂进行工业化生产，实现定制服装的大规模生产。

在红领集团独有的智能化定制系统下，订单交货期从 3 个月缩短至 7 天，如图 2-21 所示。它被称作中国工业 4.0 典范，是智能制造工厂，红领牌系列产品先后获得"中国名牌""山东名牌""国家免检产品"等称号。

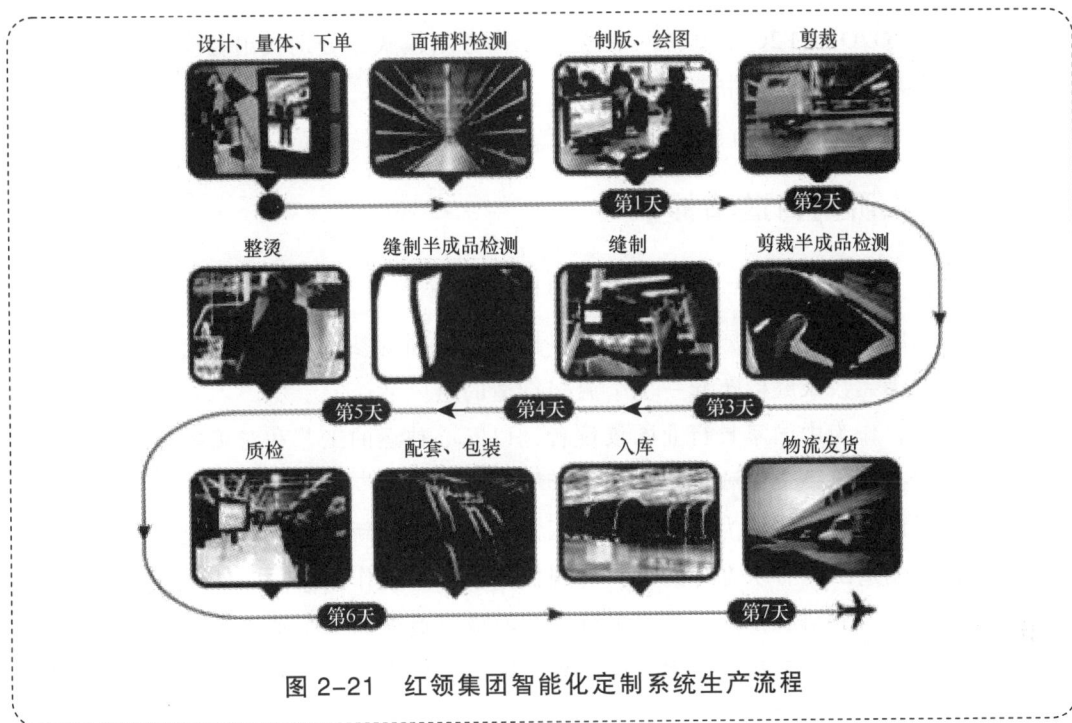

图 2-21 红领集团智能化定制系统生产流程

【演练与致用】

为了更好地理解新型电子商务交易模式的相关知识，下面通过实训来进一步了解新型电子商务的不同交易模式。

实训任务

以小组为单位，选用不同的搜索引擎，如百度、360 搜索等，对 O2O、F2C、C2M 模式的应用领域进行归纳总结，并找出对应的平台，挑选 1～2 个平台进行体验并分析其特点，完成表 2-4。

表 2-4 不同电子商务模式的对比

项目	O2O 模式	F2C 模式	C2M 模式
平台名称			
创办时间及发展历史			
定位（主营类目、平台性质、目标人群等）			
优势			
劣势			

实训步骤

1. 3～5 人一组，小组内自行分配角色和各成员任务。

2. 针对"O2O""F2C""C2M"3 类电子商务新模式，分别找出相应的具有代表性的平台信息并填写到表 2-4 中。

3. 针对所列举平台进行简单的优劣势的分析。

【讲给电商人听的商道精神】

浙商

在浙江的绿水青山间，顾家家居宛若一棵根深蒂固的参天古木，以其坚韧的质地和温暖的怀抱，为无数家庭构筑起一个个温馨舒适的避风港。

顾家家居，作为中国家具行业的佼佼者，以匠心独运的工艺和对美好生活的不懈追求，为消费者打造出一个充满爱与关怀的家居空间。

顾家家居以消费者需求为航标，不断探索家居美学的新境界，将传统工艺与现代设计巧妙融合，创造出既有东方神韵又符合现代审美的家居作品。每一件产品都凝聚着设计师的巧思和匠人的精湛技艺，展现出对细节的极致追求和对品质的严格把控。

顾家家居深知，家是和谐与幸福的源泉，因此，其倡导"和谐家居"的文化理念，致力于通过优质的产品和服务，促进家庭的和谐与幸福，让家成为每个人心中最温暖的向往。

随着时代的变迁，顾家家居紧跟潮流，不断创新产品设计和营销模式。顾家家居积极拥抱电子商务，拓展线上市场，满足现代消费者对便捷购物体验的需求。同时，顾家家居也在智能化家居领域不断探索，通过科技的力量，为消费者带来更加智能化、人性化的生活体验。

在社会责任的履行上，顾家家居同样不遗余力。通过支持教育、参与环保等公益活动，顾家家居展现了其对社会责任的深刻理解和积极担当，为社会的和谐发展贡献自己的力量。

展望未来，顾家家居将继续以浙商的创新精神和务实态度，不断优化产品和服务，为消费者提供更加舒适、个性化的家居解决方案。顾家家居将继续探索家居行业的新趋势，推动自身的可持续发展，为提升中国人的居家生活品质贡献力量。

顾家家居的故事，宛如一幅精妙细腻的江南水墨画，绘就了一幅现代家居生活的和谐图景。它以浙商的智慧和勤奋为笔，以创新和责任为墨，绘制出一幅幅温馨而美好的生活场景。顾家家居不仅承载着浙商精神，更为国家繁荣和实现民族复兴梦想做出了贡献。

第三章

衍生促变：
电子商务新业态

🔒 目标导览

- **知识目标**
  - 掌握跨境电商的概念和业务流程
  - 掌握直播电商的发展历程
  - 理解社交电商的概念及主流平台
- **能力目标**
  - 能够区分不同类型的跨境电商
  - 能够在跨境电商平台和直播电商平台完成购物
  - 能准确区分不同类型的新媒体并进行特征分析
- **素养目标**
  - 培养学生的国际视野
  - 引导学生树立持续创新的意识
  - 引导学生了解新业态对社会经济发展的关键意义，进而提升社会责任感

知识导图

```
                                        ┌─── 跨境电商概述
                    跨境电商助推"双循环" ├─── 跨境电商业务流程
                                        └─── 跨境电商支付与物流

                                        ┌─── 直播电商的发展
衍生促变：电子商务新业态  兴趣电商激发"新消费" ├─── 图文新媒体的发展
                                        └─── 短视频的发展

                                        ┌─── 社交电商概述
                    社交电商打造"私域化" └─── 主流社交电商平台
```

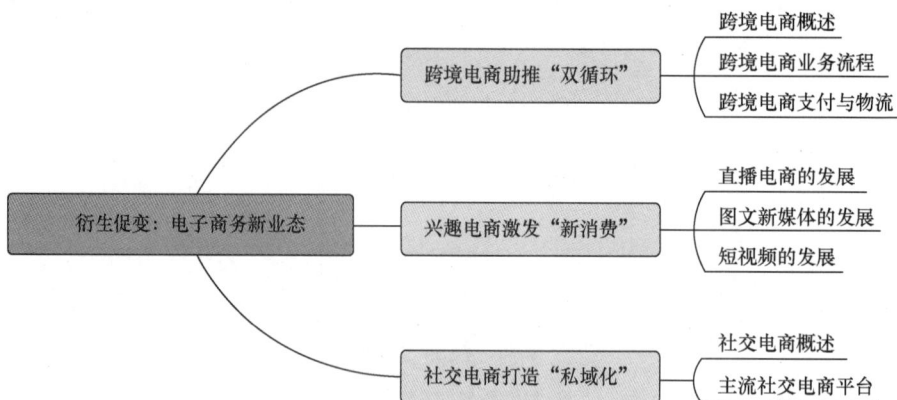

第一节 跨境电商助推"双循环"

【探索与叩问】

几千年前，一条丝绸之路从长安出发，向西延展，连接了整个欧亚大陆。汉武帝以后，西汉的海上贸易日益发达，被称为"海上丝绸之路"的海上交通路线也应运而生。中国的丝绸、陶瓷，经由这两条丝绸之路销往各国。

丝绸之路，是东西方经济文化交流的桥梁。被誉为世界文明摇篮的亚非四大文明古国——古中国、古印度、古巴比伦、古埃及，以及欧洲文明的发祥地——罗马、希腊，都是丝绸之路的通达之地。丝绸之路在传播丝绸的同时，对促进各国物质文明和精神文明的相互传播和影响起到了重要的媒介作用。

千年前，丝绸之路留下驼铃声声、帆影绰绰，穿越历史影响至今；今天，互联网打破了时空限制，那么跨境电商又是如何影响我们生活的呢？

【初探与感知】

曾经，中国古代四大发明——指南针、火药、造纸术和印刷术，推动了世界科技和文明的进步。如今，高铁、移动支付、共享单车和网络购物被称作中国的"新四大发明"。跨境电商作为"新四大发明"中"网络购物"的一种模式，不仅极大地便利了人们的生活，也颠覆了传统的供应链，正在塑造全新的世界贸易体系。

一、跨境电商概述

（一）概念

根据《跨境电子商务电子舱单基础信息描述》（GB/T 37146—2018），跨境电子商务（Cross-Border Electronic Commerce）是指分属不同关境的交易主体，通过电子商务平台达成交易、进行支付结算，并通过跨境物流送达商品、完成交易的一种商业活动。

跨境电商作为推动经济一体化、贸易全球化的技术基础，具有非常重要的战略意义。跨境电商不仅冲破了国家（地区）间的障碍，使国际贸易走向无国界贸易，同时它也正在引起世界经济贸易的巨大变革。对企业来说，跨境电商构建的开放、多维、立体的多边经贸合作模式，极大地拓宽了进入国际（地区）市场的路径，大大促进了多边资源的优化配置与企业间的互利共赢；对于消费者来说，跨境电商使他们非常容易地获取其他国家（地区）的信息并买到物美价廉的商品。

（二）跨境电商的发展历程

第一阶段：2004—2012 年。

此阶段的标志性事件是敦煌网的成立，敦煌网是国内首个为中小企业提供 B2B 网上交易的网站。在这一阶段，跨境电商逐步推动线下交易、支付、物流等流程电子化，并依托互联网金融行业发展，实现了在线交易。在跨境电商第一阶段，B2B 平台是跨境电商的主流模式，企业通过直接对接，缩短产业链，提升了盈利能力。此阶段的代表性企业有全球速卖通、阿里巴巴国际站、敦煌网等，如图 3-1 所示。

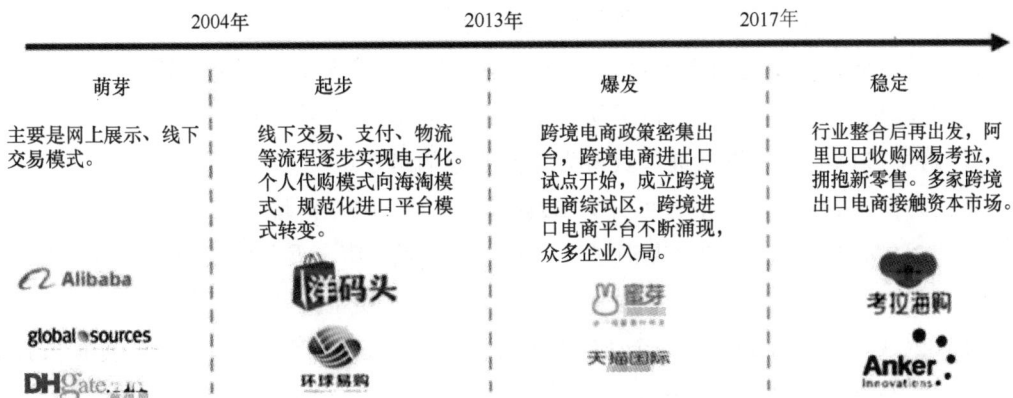

2004年	2013年	2017年
萌芽	**起步**	**爆发**	**稳定**
主要是网上展示、线下交易模式。	线下交易、支付、物流等流程逐步实现电子化。个人代购模式向海淘模式、规范化进口平台模式转变。	跨境电商政策密集出台，跨境电商进出口试点开始，成立跨境电商综试区，跨境进口电商平台不断涌现，众多企业入局。	行业整合后再出发，阿里巴巴收购网易考拉，拥抱新零售。多家跨境出口电商接触资本市场。

图 3-1　跨境电商的发展历程

第二阶段：2013—2017 年。

2013 年被称为跨境电商元年。在此阶段，中国全国人大常委会正式启动了《中华人民共和国电子商务法》的立法进程，国务院出台支持外贸跨境电商的促外贸"国六条"，商务部也出台多项支持措施推动跨境电商发展；上海自贸区成为指定外贸跨境电商试点区域，启动了全国首个跨境贸易电商试点平台；外贸电商集中转型，打造品牌化出海；跨境电商移动化，移动端交易成主流；亚马逊的"全球开店"服务对中国中小企业开放注册；等等。同时，跨境电商大平台不断出现，包括天猫国际、考拉海购（原网易考拉）、京东全球购等，另外，各类模式的进口跨境电商平台也不断涌现，如小红书、洋码头、奥买家等，带动跨境购物走向常态化。

第三阶段：2018 年至今。

2018 年《中华人民共和国电子商务法》正式通过，在立法层面给予包括跨境电商在内的电子商务平台监管和引导，完善了监管流程和体系，有利于电子商务行业健康发展。另外在试点城市扩容方面，我国加快了跨境电商综合试验区的设立，为整体市场的持续高速发展奠定了基础。从出口表现来看，在此阶段，我国跨境电商的国际竞争优势显著增强，尤其是出口品牌化建设表现优异，我国对"一带一路"沿线国家和地区及拉美国家的出口比重提升，开拓新市场的成效明显；从进口表现来看，跨境电商平台引入新零售模式，线上线下相结合，加大线下新零售门店布局力度。

（三）跨境电商的分类

按照跨境电商产业链中的企业，跨境电商可以分为跨境电商服务商和跨境电商平台两类。

（1）跨境电商服务商主要指提供跨境支付、跨境物流、境外营销、供应链管理等服务或者一系列服务组合的主体。

（2）跨境电商平台可以从不同的维度进行分类。

从贸易方向，跨境电商平台可以划分为跨境出口电商和跨境进口电商。

① 跨境出口电商，指以出口贸易为主要业务的跨境电商平台。

② 跨境进口电商，指以进口贸易为主要业务的跨境电商平台。

从交易模式，跨境电商平台可分为 B2B 跨境电商、B2C 跨境电商、C2C 跨境电商等。

① B2B 跨境电商，外贸企业通过互联网进行产品、服务及信息交换，如阿里巴巴国际站、TOOCLE3.0（生意宝）、中国制造网、大龙网、敦煌网等。

② B2C 跨境电商，跨境电商企业针对个人消费者开展网上零售活动，如速卖通、eBay、亚马逊、兰亭集势、米兰网、跨境通等。

③ C2C 跨境电商，从事外贸活动的个人对国外个人消费者进行网络零售商业活动。

由于语言门槛和物流时效的局限性，目前跨境电商主要以 B2B 和 B2C 模式为主。

从平台运营模式，跨境电商平台可分为平台式跨境电商和自营式跨境电商。

① 平台式跨境电商，分为综合平台式电商和垂直平台式电商。平台利用自身强大的

流量优势引流。平台式跨境电商有阿里巴巴旗下各平台、京东全球购、洋码头等。

②　自营式跨境电商，又称独立站，指通过自己或者用第三方 SaaS（Software as a Service，软件即服务）模式的建站软件搭建的商城网站。独立站本身不带流量，需要运营引流，但是在消费者沉淀和复购上有明显优势。

行业洞察

提起跨境电商平台，大家熟悉的莫过于亚马逊、eBay、速卖通、Wish 这四大主流平台。除了这些大家耳熟能详的平台外，各种各样的跨境电商平台如雨后春笋般涌现。

东南亚跨境电商平台代表

1. Lazada

Lazada 是东南亚最大的网上购物商城之一，销售电子产品、衣服、用具、书籍、化妆品等，市场范围涵盖印度尼西亚、马来西亚、菲律宾、泰国和越南。

2. Shopee

Shopee 是东南亚地区和我国台湾领先跨境电商平台，覆盖新加坡、印度尼西亚、菲律宾、泰国、越南、马来西亚和中国等市场，上线之后一直保持迅猛发展。根据 Sea 二季度财报，Shopee 电商 2024 年第二季度 GMV 达到 233 亿美元。

此外，还有主打时装和鞋类的 Zalora 和主打护肤品和化妆品的 Luxola。

北美跨境电商平台代表

1. 沃尔玛

从控股 1 号店到上线自己的 App，沃尔玛一直将电子商务作为实体门店的补充和延伸，从而提升客户的购物体验感。沃尔玛 App 业务覆盖全球多个国家，如美国、加拿大、英国、中国等。提供的商品类型丰富，涵盖食品饮料、家居用品、电子产品、服装服饰、美妆个护、运动户外、母婴用品、宠物用品等各大品类。

2. Newegg

Newegg 于 2001 年成立，总部位于美国南加利福尼亚州的洛杉矶，是一家全球知名的科技品类电子商务企业，提供了丰富的消费电子、游戏周边设备等商品和优质的电商服务。

此外，还有以消费类电子产品为主的 Best Buy、美国知名在线购物网站 Overstock、办公用品平台 Staples、以经营奢侈品为主的连锁高端百货商店 Neiman，以及从线下走到线上的 J.C.Penny。

南美跨境电商平台代表

1. Mercado Libre

1999 年，Mercado Libre 于阿根廷成立，现在它已经成为拉美人网购的必选平台之一。最初，Mercado Libre 模仿的是 eBay 拍卖模式，但随着发展，其模式逐步对标亚马逊。Mercado Libre 覆盖拉丁美洲 18 个国家，包括巴西、墨西哥、智利、哥伦比亚、阿根廷等。

2. Linio

Linio 成立于 2012 年，主要针对拉美市场，覆盖墨西哥、哥伦比亚、秘鲁、委内瑞拉、智利、阿根廷、巴拿马和厄瓜多尔 8 个国家。Linio 的发展战略是在新兴市场复制发达国家的电子商务模式。

欧洲跨境电商平台代表

1. Cdiscount

2024 年，Cdiscount 有超过 1000 万的普通活跃用户，每天有超过 2000 万的用户访问量。Cdiscount 的业务分布广泛，在欧洲主要分布于法国、西班牙、意大利等国，在非洲主要是尼日利亚、肯尼亚等国，在拉丁美洲有巴西、阿根廷等国，在亚洲则包括印度尼西亚、马来西亚及泰国、越南等国家和地区。

2. BingaBinga

BingaBinga 是面向欧洲中高消费水平人群的购物平台，平台产品有新意，很精致。店主不仅可以经营自己的品牌，还能参加网络社区交流，进行线下聚会。

此外，还有法国时尚平台 La Redoute、专门销售男士护理用品的美妆电商网站 Mankind 等。

俄罗斯跨境电商平台代表

1. Wildberries（维尔贝里斯）

Wildberries 是俄罗斯最大的电子商务平台，拥有超过 800,000 个品牌，日订单量高达 450 万，用户遍布俄罗斯、白俄罗斯、哈萨克斯坦等多个国家。其主要品类包括服装、家居用品和化妆品，深受女性消费者喜爱的 Wildberries 的配送网络广泛，跨境物流服务强大，适合有大量货品的跨境卖家。

2. Ozon

Ozon 被誉为"俄罗斯的亚马逊"，是俄罗斯第二大电商平台，月访问量已超过 4 亿，拥有广泛的消费者基础。Ozon 允许中国卖家通过其平台进入俄罗斯市场，并在中国设立了仓库，方便跨境卖家进行物流配送。Ozon 的多样性品类和完善的仓储服务为卖家提供了极大便利，特别是家用电器、电子产品和书籍类商品在 Ozon 上极为畅销。

3. Leuu.ru

作为一个新兴的跨境电商平台，Leuu.ru 聚焦于中国与俄罗斯的贸易合作，特别是直接从中国制造商到俄罗斯买家的 B2B 模式。该平台依托中国优质制造商的资源，整合了完善的供应链和物流服务，为俄罗斯买家提供了便捷的采购体验。

此外，俄罗斯重要的本土电商平台还有 Yandex Market、AliExpress Russia、Avito 等。

除了以上跨境电商平台，还有创办于 1997 年的乐天，目前已成为日本最大的电子商务网站之一，乐天也是全球最大的网络公司之一。Mercari 是一个日本很知名的 C2C 二手交易 App，类似于我国的闲鱼。Jumia 是尼日利亚最大的电子商务零售公司之一，目标是成为本土的"亚马逊"，出售电子产品、服装、冰箱等各类商品。"非洲版携程"Hotels.ng 正在迅速抢占在线旅游市场。Gmarke 作为韩国最大的综合购物网站之一，与 eBay 合作开拓日本与新加坡市场。Souq 作为中东版的亚马逊电商网站，是当地最大的电子商务网站之一。

二、跨境电商业务流程

跨境电商从商品流向来看，分为出口电商和进口电商，两种贸易形式的流程相反。以跨境电商出口流程为例，整个业务流程主要有六大模块参与，包括商品、跨境电商企业、支付企业、物流商、海关及用户（企业或消费者）。跨境电商业务流程如图 3-2 所示。

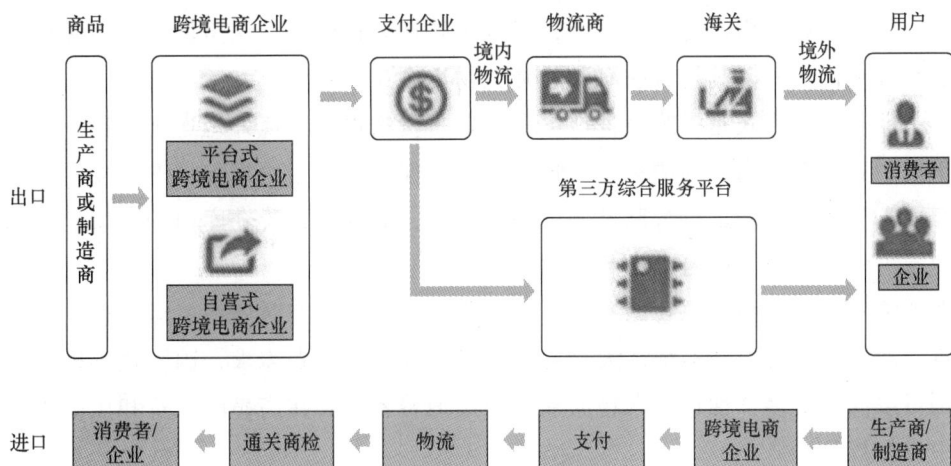

图 3-2 跨境电商业务流程

三、跨境电商支付与物流

（一）跨境电商支付

跨境电商支付方式有两大类：网上支付（包括电子账户支付和国际信用卡支付，适合小额的跨境零售）和银行汇款（适合大额的跨境交易）。目前在大型的跨境电商平台上，支持的支付方式有信用卡、PayPal、Skrill 等，亚马逊、Wish 等电商网站在跨境结算业务中也提供结汇的服务。

（二）跨境电商物流

跨境进口电商的物流模式主要有 3 种：国际直邮模式、转运模式和保税进口模式，如图 3-3 所示。

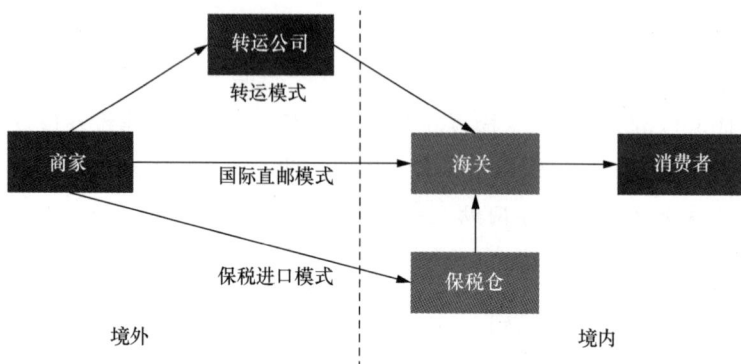

图 3-3 跨境进口电商的物流模式

（1）国际直邮模式是指消费者线上下单后，商家直接通过国际物流方式发货，由物流公司代理清关，并配送至消费者手中。其常见于直邮平台类公司和海外代购。

（2）转运模式是指消费者下单后，货物由转运公司集中运送至境内，报关后拆分包裹发送给各个消费者。其是目前海淘的常见物流方式。

（3）保税进口模式是指跨境进口电商企业将货物提前从境外运送至保税仓，待消费者下单后，直接在境内办理清关、发货等流程。保税仓是指由海关批准设立的供进口货物储存而不受关税法和进口管制条例管理的仓库，储存于保税仓库内的进口货物如再出口则免缴关税，如进入境内市场则须缴关税。

在政策对跨境电商保税仓的支持下，保税进口模式具有时效快、运费低、税收优惠的特点，产品品类可以基本满足大众对一般进口商品的消费需求，国际直邮模式和转运模式则可以满足更多个性化的购物需求，但是消费者需要在高昂的运费和商品正品可靠度当中进行权衡。

目前，各大平台纷纷布局境内保税仓。天猫国际、小红书等均以保税进口模式为主，国际直邮模式为辅。京东全球购、蜜芽、洋码头则是保税进口模式和国际直邮模式并行，其中洋码头自建了跨境物流体系——贝海国际，在美国设有集货站。

跨境出口电商的物流模式主要有两种：国际物流模式和海外仓模式。

（1）国际物流模式即由物流企业将货物从国内直接运送到国外，配送到消费者手中。依据承运商不同，目前国际物流方式主要有 4 种：邮政小包、国际快递、专线物流、国内快递企业的跨国物流业务。其中，邮政小包和国际快递是目前使用较多的物流方式，常见于中小外贸企业。邮政小包覆盖地区范围广，价格便宜，但是丢包率高，时效慢且不稳定，旺季往往需要 30 天以上。国际快递与邮政小包相反，价格昂贵但时效快。专线物流往往采用航空包舱方式，通过专线的规模效应降低成本，速度比邮政小包快。近几年国内快递企业加速跨境业务布局，但目前覆盖地区有限。它们依托国内成熟网络与运营经验，与海外当地伙伴合作开展跨国物流业务，提供门到门及增值服务，但在国际网络覆盖、清关能力上仍有提升空间。

（2）海外仓模式可以解决时效、成本、清关及本土化等问题。海外仓模式包括头程运输、海外仓储和终端配送 3 个环节，基本模式是中国出口企业将货物批量出口，储存在海外仓，待消费者下单后，再在当地进行分拣、包装、配送。海外仓模式降低了物流成本，提高了消费者收件的时效性，同时由于退换货方便，能够提升消费者体验；缺点是可能由于预判不准确，造成海外仓库存积压。目前，跨境出口电商的海外仓模式有 3 种方式：自建/租用仓、亚马逊 FBA 仓和第三方仓库。

海外仓发展迅速，成为跨境出口新常态。目前欧美发达国家的海外仓已经发展得非常成熟，40%的仓库集中在美国，英国、德国也占了较大部分，不少企业敏锐布局，在一些使用小语种（如荷兰语、瑞典语、波兰语等）的国家和地区设立海外仓。总体来说中东、南美、非洲等地的海外仓比较稀缺。规模较大的跨境出口电商平台大多选择在国外自建海外仓，兰亭集势、敦煌网、大龙网等知名平台更是在全球布局海外仓。

🔍 **创新驱动**

SHEIN——快时尚跨境电商的超级独角兽

SHEIN 是一家全球领先的时尚和生活方式在线零售商，致力于"人人尽享时尚之美"，如图 3-4 所示。作为一家始终保持低调的"超级独角兽"，SHEIN 通过将国内服装产业产能进行整合，打造了有自身特色的供应链，海量 SKU（Stock Keeping Unit，存货单位）搭配小单快返的生产模式，让 SHEIN 能对市场动向迅速做出反应。作为快时尚的巨头，Zara 的上新速度一向处于行业领先地位，但令人惊讶的是，SHEIN 的速度更快，在业内堪称"神话"。据统计，SHEIN 在 2019 年全年上新就达15 万款，仅 1 到 2 个月就赶上 Zara 全年的 SKU，这个数字在近几年还在不断攀升。

2024 年，SHEIN 发展势头强劲，将超千亿元人民币的服饰销往海外，市场表现远超 2021 年。其业务进一步拓展，持续覆盖全球 200 多个国家和地区，在法国、俄罗斯、意大利、西班牙、澳大利亚、德国和泰国等区域的分站运营成熟，且在更多新兴市场积极布局，影响力与日俱增。

这家被称为"中国最神秘的百亿美元公司"的快时尚跨境电商公司，究竟是如何成长起来的呢？2008 年，国内淘宝进入爆发阶段，跨境电商开始崭露头角，SHEIN 创始人看准这个风口，用婚纱这一特殊品类打开了海外贸易的局面，在欧美服装领域开始了业务积累。直到 2012 年，SHEIN 以"聚焦快时尚，为年轻人打造时尚优品"为产品定位，以 20～35 岁追求时尚、注重性价比的女性白领为目标人群，由婚纱品类全力转做跨境快时尚，正式进入爆发式发展阶段。

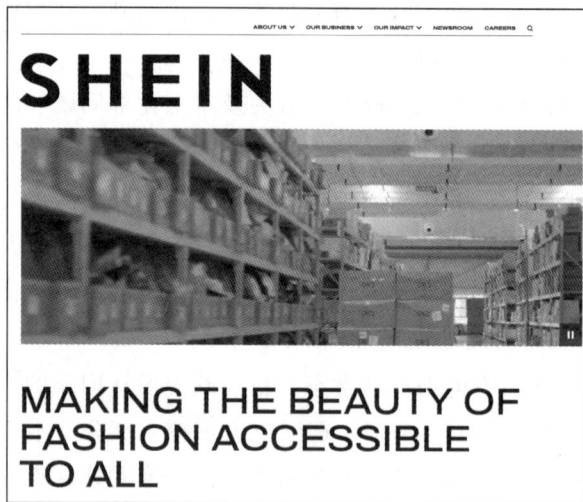

图 3-4　快时尚跨境电商公司 SHEIN

SHEIN 作为一家神话级别的跨境电商，整合了服装产业产能，实现柔性化改造，柔性供应链日趋成熟。它在多地设有研发机构和物流中心，搭配多个客管中心，以及覆盖全球的末梢配送网络，为其在欧美、中东、印度等消费市场上的业务保驾护航。

2023 年，SHEIN 正式宣布推出平台模式，在持续打造产品竞争力的同时，围绕柔性化、精益化之路，助力更多传统产业持续转型升级，助力品牌与优质制造的国际化出海。SHEIN 在 2023 年斩获全球购物类 App 下载量冠军，同年入选中国企业跨国经营 50 强。2024 年 5 月，SHEIN 位列美国第三大在线时尚零售商，位列亚马逊和沃尔玛之后。SHEIN 也是美国前五大在线时尚零售商中唯一的一家中国企业。

崛起于 20 世纪 90 年代的 Zara 用快时尚打破了时尚产业的规矩，现在 SHEIN 则靠互联网进一步改造快时尚。在中国大且全的供应链基础上、在跨境贸易政策的支持下，跨境电商正在迎来一波新的发展热潮。

【演练与致用】

为了更好地理解跨境电商的应用，下面通过实训来进一步感受跨境电商的特点。

实训任务

请分别登录亚马逊和天猫国际（象印海外旗舰店）两个店铺，查阅同一款象印保温杯，如图 3-5 所示，在对商品页面进行查阅后，分别进行购买流程的体验（无须付款），完成表 3-1。

图 3-5　象印保温杯参考样式

表 3-1　任务记录表

对比项目	亚马逊	天猫国际 （象印海外旗舰店）
发货地		
店铺所在地		
进口税		
服务承诺		
支付方式		
购物流程是否需要 身份证信息		
订单提交截图		

第二节　兴趣电商激发"新消费"

【探索与叩问】

　　你会专程到偏僻的小山村观看一位花甲老人编竹筐吗？或者去遥远的古镇欣赏一位姑娘在院子里染花布吗？或许不会，可当这些身怀绝技的手艺人拿起手机，走进屏幕，却吸引了成千上万的网友在直播平台观看和点赞。

　　互联网大潮下，是什么把那些与我们日常生活渐行渐远的传统手工艺再次拉回大众的视线中？又是什么让"3、2、1，上链接"牵引着我们的购物期待？新媒体技术开启了新的消费场景，你是否感受到这些消费场景的变化改变着人们的消费习惯？

在新媒体技术的支持下，兴趣电商通过分析消费者的行为、兴趣爱好等数据，将具有相同或相似兴趣爱好的消费者进行精准匹配，提供更精准的商品和服务。那么，兴趣电商是如何依托社交媒体、短视频等新媒体技术，共同打造优质内容的呢？

【初探与感知】

随着互联网的发展，网络购物、线上线下融合等新业态迅速发展，国民的消费热情释放，消费方式也在重构。内容电商由商品营销转变为内容营销，它通过优质的内容，以图片、视频、直播、VR（Virtual Reality，虚拟现实）等为载体推荐符合不同人群需求的商品和服务，给消费者带来更舒适、直观的体验，给市场注入新活力。

一、直播电商的发展

（一）概念

直播电商，是指通过互联网等信息网络以直播形式销售商品或者提供服务的经营活动。网络直播是通过互联网等信息网络以视频、音频、图文等形式向用户持续发布实时信息的活动。直播电商新模式的加速发展，使"生产者"直接面对"消费者"成为可能，对比"生产者—经销商—消费者"的流通环节，直播使各大生产者实现生产与消费的无缝对接，减少了中间环节和中间销售成本，因此生产者和消费者信息的不对称减少，大大降低了消费者的购买成本，从而吸引消费者购买，进一步激发消费潜力。

直播带货，是指通过互联网等信息网络，使用直播技术进行商品线上展示、咨询答疑、导购销售的新型服务方式，体现了一种商业创新。对比传统线上购物，直播带货让消费者可以在观看直播的过程中看到线上商品的全方位实时展示，享受更真实的购物体验，增加了线上消费的趣味性。

（二）直播电商发展历程

2016 年为直播电商的萌芽期，各行业"直播+"创新如雨后春笋涌出，各大电子商务平台与短视频平台陆续上线直播功能，开始进行电子商务、付费等多种商业模式的尝试。2016 年 3 月 19 日淘宝试运营淘宝直播，5 月正式开通直播功能；同年 3 月，蘑菇街上线视频购物功能。快手也在这一年上线直播功能。9 月，京东平台推出了直播业务开拓直播带货等新营销模式，各平台纷纷入局，拉开电商直播发展大幕。

2017 年为直播电商的酝酿期，直播平台完成洗牌，加速内容变现；主播身份多元化，从艺人、"网红"向普通人转移，直播模式逐渐清晰；直播品类多元化，行业角色开始分化，MCN（Multi-Channel Network，多频道网络）机构开始出现。"双十一"期间，淘宝直播单日直播场次总场次规模上万，单日累计观看人次破亿，此时直播电商市场初具规模，达 190 亿元。

2018 年为直播电商的探索加速期，直播频道在各内嵌平台的重要性逐渐上升，各大平台持续推出"内容补贴"战略，扶持内容创作，内容平台建设自有供货平台；同年，抖音正式尝试直播电商，并逐步实现大规模的短视频直播带货模式。"双十一"期间，开通抖音购物车分享功能的抖音号，最高一天可卖出 10 万件商品，销售额破 2 亿元。同期，快手推出"快手小店"，在视频和直播中嵌入淘宝、有赞、魔筷等第三方电商平台，与此同时，京东时尚在"京星计划"中启动直播带货，淘宝直播登上手机淘宝第一屏，日活跃用户数突破千万。

2019 年为直播电商的爆发期，多方平台入局，直播行业交易额高涨。电商直播成为商家标配，主播的身份更加多元化，商家精细化运营，供应链建设得以强化，产业链趋向专业化分工。2019 年 4 月，微信公众号直播带货启动试运营，淘宝直播独立 App 上线，"双十一"直播电商成为包括淘宝、京东、拼多多等传统电商平台在内的重要营销模式和增量来源。

2020 年至今为直播电商的渗透期，直播"破圈"加速，价值凸显，示范效应引发多行业开启直播电商，直播加速与线下商业场景的结合，淘宝、京东、抖音、快手等平台持续加码直播业务，基于小程序直播的私域直播不断深化发展。

📡 **创新驱动**

开启直播助农新模式

2020 年可以说是中国的直播带货年。4 月 20 日，习近平总书记来到陕西柞水县小岭镇金米村考察。在村民为直播卖货做准备时，习总书记走到直播平台前，点赞当地特产柞水木耳，被称为"最强带货员"。

直播助农成为运用互联网思维破解农产品产销矛盾，助力优质农产品走出去的新路子。产销不对接，农产品价贱伤农、农民丰产不丰收，向来是阻碍农民增收致富的重要原因之一。直播电商瞄准消费者的需求，打破信息不对称，帮助农产品触网销售，使各类农产品从田间地头直达城市餐桌。而且线上直播因其互动性强、参与感强、动态直观等特点，以非常接近线下购物的体验，最大限度地满足了人们对"面对面"沟通互动的买卖场景需求，成为精准营销新玩法。许多农产品借助直播带货，快速经历"从滞销到脱销"，从"乡村土货"变成"网红尖货"。

直播助农成为倒逼农业供给侧结构性改革，提高农产品质量效益的新动力。对农民来说，为把直播获得的粉丝和流量持续转变成产品销量和收益，不光卖的东西要适销对路，还要不断改进和提高产品质量。通过精准的线上信息反馈，直播带货促使农民围绕市场需求来安排农业生产，从"生产什么卖什么"转到"市场需要什么生产什么"，加快上游种植养殖环节布局优化和结构调整。同时，那些质量上乘、有地方特色的农产品在线上总能获得不错的销售成绩，这将使农产品质量和品牌意识更加深入人心。

直播助农成为撬动乡村振兴，实现农村现代化的新杠杆。发展直播电商，必须有批发、包装、分拣、仓储、物流等一连串的配套支撑。由于农产品的包装、冷库、冷链、物流、仓储条件不足，难免会影响农产品的保鲜和配送，产生售后纠纷。随着越来越多农产品搭上直播电商快车，未来有望在农村加快建立适应农产品网络销售的供应链体系、运营服务体系和物流保障体系，这对改造升级农村仓储物流、通信网络等基础设施意义重大。

直播助农成为改变农民封闭保守观念，塑造新农人的新方式。一些农民积极尝试和拥抱直播带货，不仅解决了自身瓜果滞销问题，还帮助乡亲们"吆喝"，减少损失，增加收入，这对农民固有观念的冲击不言而喻。一些农民自学成才，克服面对镜头的恐惧，培养了良好的心理素质和"吸粉"能力，成为一天能卖出成百上千箱水果的当红主播。通过直播卖货，"数字成了新农资、手机成了新农具、直播成了新农活"，农民则成为拿起手机面对镜头"直播卖货、网上接单"的新农人。

👤 二、图文新媒体的发展

（一）概念

图文新媒体是指通过数字技术和网络技术，以图文形式呈现内容的媒体形式，属于新媒体的一种。图文新媒体主要以文字和图片为传播形式，支持内容创作者发布文章、图像等内容并与用户进行互动，如微信公众号、今日头条、百度百家号等。图文新媒体的特征主要包括内容的原创性、个性化表达、互动性、易于分享和传播等。

（二）图文新媒体平台

用户的阅读习惯与接收信息的渠道伴随着新的媒体形态的出现而逐步改变。国内的图文新媒体平台主要分为半封闭式、开放式、问答式3大类。

（1）半封闭式图文新媒体平台

半封闭式图文新媒体平台指的是媒体平台会形成一个流量闭环，用户只有关注才能获取目标信息，属于私域性较强的新媒体平台。该类新媒体平台的典型代表为微信公众号。

微信公众号依托微信庞大的用户规模，如今已然是信息传播的主要阵地。相较于传统纸质报纸只能刊载文字、图片信息，微信公众号支持的信息表现形式更为丰富，不仅支持文字、图片，还支持音频、视频，并且创作者利用其多项组件，可以与用户进行高效互动，用户可以进行点赞、评论、转发等，提升信息的传播量与传播速度。

（2）开放式图文新媒体平台

开放式图文新媒体平台以新浪微博、今日头条、一点资讯等为典型代表，开放式图文新媒体平台所发布的信息是发散的，狭义上来讲是点对面的传播形式，在同一时间内，每一个人看到的都是同样的内容。该类平台大多属于官方媒体与自媒体的融合平台，用户通过该类平台可以获取新闻资讯、时事娱乐等"千人一面"的信息，同时也能获取到有针对性与个性化的"千人千面"的信息。在这类平台上，每个人既是阅读者，也是创作者。

（3）问答式图文新媒体平台

问答式图文新媒体平台以知识、经验和见解分享为核心价值，在平台内，用户既是提问者也是答案的提供者，该类新媒体平台的典型代表有知乎、百度知道、简书、小红书等。知乎是目前国内最大的问答类图文新媒体平台之一，汇聚了各行各业、不同年龄、不同性别、不同受教育水平的用户。在该平台，用户可以关注自己感兴趣的话题，精准地获取想要了解的知识，也可以提出自己的问题寻求他人的回答，更可以根据自身行业经验为他人的问题提供答案。

📑 行业洞察

故宫转身成"网红"

在这几年间，很多人突然发现，自己在朋友圈和微博经常能看到来自故宫的消息：春花冬雪的故宫美景，可爱的故宫动漫，或故宫中的某个院藏文物……新媒体既当代又文艺的展示方式，展现了故宫独有的韵味。

故宫作为世界上规模最大的古代宫殿建筑群，长期以来开放区域只占 30%，186 万余件文物藏品 99% 沉睡在库房。来故宫的游客虽然多，但 80% 都沿着中轴线参观古建，很少有人能接触丰富多彩的文物，且最初故宫收入主要靠门票，营收来源单一。

从 2012 年开始，故宫博物院尝试利用移动互联网为游客提供藏品介绍等服务，着手新媒体运营，在新浪微博发布相关的资讯，呈现展品。通过平易、直观的方式科普故宫历史，不仅可以让用户每天都了解一些平常见不到的藏品，还可以让用户对故宫产生好感。此阶段的主要目的是向广大用户介绍和科普故宫及藏品，以"吸粉"为主，处于探索发展阶段，并未实施具体的新媒体营销手段，走的是"高冷"的文创路线。

之后，故宫博物院陆续开展多种新媒体营销活动，成为"网红"。

微博营销。"故宫博物院"微博作为故宫博物院官方微博，其发布的主要内容包括常设展览和特展信息、文物介绍、故宫景色、故宫壁纸、故宫与人的故事等，此外还有一些关于讲座和志愿者招募的信息。图文内容基本以原创为主，其中运营团队拍摄的故宫四季景色的互动效果非常好。如今的故宫博物院拥有超过 1000 万粉丝，影响力巨大。一直以来，"故宫淘宝"官方微博都在以有趣的状态与大家进行互动。例如，其在微博评论区自称"本公"。这样的互动不仅让用户觉得有趣，也塑造了极强的账号性格，在用户心中留下深刻印象。

微信营销。故宫博物院的官方微信公众号是"故宫博物院"，以展览介绍和游客服务为主，基本每周会有更新。"故宫淘宝"微信公众号则紧跟社会潮流，延续搞笑风趣的风格，以一个"段子手"的形象面向大众。其微信公众号早期走"高冷"路线，文章中规中矩，标题索然无味，平均阅读量只有 4 位数。随着新媒体传播的影响，"故宫淘宝"微信公众号开始走"软萌"路线，以用户喜欢的风格进行营销策划宣传，创作出多篇"爆款"推文，其中《雍正：感觉自己萌萌哒》推文成为"故宫淘宝"微信公众号第一篇阅读量超 10 万的推文。

App 营销。如果说微博、微信展现了故宫幽默风趣的一面，那么故宫的精深历史和文化底蕴则在其系列的 App 上得到呈现。截至 2025 年 1 月，故宫博物院已推出至少 10 款官方 App，涵盖文物鉴赏、虚拟游览、文化教育等多个领域。主要 App 包括《每日故宫》，每日精选一件珍品；《故宫展览》，提供 VR 全景漫游；《故宫陶瓷馆》，展示千余件陶瓷文物；《紫禁城 365》，以趣味动画呈现紫禁城历史等，旨在通过数字化手段传播传统文化，提升用户体验。这些 App 结合 AR、VR 技术，让用户随时随地感受故宫的魅力。

IP 营销。故宫最吸引人的是它厚重的文化底蕴。过去故宫只有"文化产品"，没有"文创产品"，故宫的文化产品注重历史性、知识性、艺术性，但是由于缺少趣味性、实用性、互动性而缺乏吸引力。故宫的文化产品与消费群体，特别是年轻人的购买诉求存在较大差异。故宫一般性的旅游纪念品，已经很难满足用户不断变化的需求。后来，无论是文创周边、文化影视，还是跨界合作的 H5，其实都是基于故宫 IP 进行的衍生，赋予原本冰冷的历史故事鲜活的形象。故宫文化底蕴深厚，知名度高且受众广，在内容为王的时代有这样的丰富内涵及流量基础，不说做文创，做任何事情转化率都非常高。只有以拥有丰富文化内涵的 IP 为核心，加入独特的艺术创意及结合商业用途的实用创意才可能将文创发展为产品，打造具有广泛影响力的文化符号。

故宫博物院作为一个超级大 IP，有着庞大的受众基础和源源不断的流量，发展势头不可阻拦。目前，故宫文创产品正以百姓喜闻乐见的方式发展壮大，故宫博物院通过新媒体平台，以创新思维将产品营销巧妙地融入现代人的生活之中。同时，故宫也在用深厚的文化内涵走向年轻人、走向世界。

三、短视频的发展

（一）概念

短视频是指在新媒体平台上播放的、适合在移动状态和短时休闲状态下观看的、高频推送的视频内容，几秒到几分钟不等。短视频的内容融合了技能分享、幽默搞怪、时尚潮流、社会热点、街头采访、公益教育、广告创意、商业定制等主题。由于内容较短，短视频可以单独成片，也可以成为系列栏目。

新媒体环境下，短视频的传播有以下特性。

（1）即时性强，用户主动性提升

在新媒体时代背景下，智能手机得到普及，同时各种手机App也加快了升级步伐，一部智能手机就能实现对短视频内容的传播和信息的获取，满足人们对新闻信息的即时性需求。此外，短视频App以其操作简单、素材丰富、技术要求低的特点吸引越来越多的人参与视频制作，用户得以从视频观看者转变为原创视频的制作者，实现由被动接受向主动创作的转变，这极大地提升了用户的主动性和体验感。短视频不受空间和时间限制，人们可以将日常生活与短视频进行深度融合。

（2）快餐化文化消费需求得到满足

快手、抖音等短视频平台已经得到了大规模的普及，这些平台的操作简单，用户只需要借助移动端就能浏览和分享短视频。多渠道、大范围的传播方式，有效地推进了短视频内容的传播；同时创作素材形式多样，观看方式简单易行，内容易被用户理解，有助于用户打发无聊的碎片化时间，丰富用户的精神娱乐世界，增强信息传递的时效性。例如，随着社会经济的迅速发展，乡村经济取得高速发展，乡村居民的业余生活和精神世界也逐渐丰富起来，在此过程中，短视频以其内容丰富性、形式多样性等特点深受广大乡村居民的青睐，丰富了乡村居民业余生活和精神世界。

（3）有较强的社交属性，用户互动性得到提升

跨平台的传播方式极大地增强了社交成员之间的互动性，无论是移动端还是PC端都可以作为短视频传播的主要载体。在互联网技术的支持下，用户能够实现对短视频的观看、分享和评论，并与短视频的创作者、朋友围绕短视频内容展开互动。现有的短视频软件，能够借助网络技术智能化优势对用户感兴趣的板块及搜索浏览记录加以收集和整合，向用户推送与之相关的短视频。

（二）短视频的发展历程

我国短视频行业自4G网络普及后便高速发展，并且诞生了抖音、快手等数亿用户量级的平台，在移动互联网时代建立起强大的影响力。我国短视频行业已经经历了4个

阶段，分别是蓄势期、转型期、爆发期和平稳期。目前处在平稳期，竞争格局逐渐稳定，短视频平台致力于探索更多元化和更深层次的商业变现模式。

蓄势期，2011—2015年，随着智能手机、3G网络、Wi-Fi网络逐渐普及，移动网络视频渗透率不断攀升，短视频进入发展阶段，尽管未能形成巨大的热潮及未产生"爆款"作品，但关注度已经逐渐攀升。2011年3月，GIF快手上线，它是一款用来制作、分享GIF图片的手机应用，2012年11月，该应用上线创作、上传及观看短视频功能，并在2013年7月转型为短视频社交平台，并正式改名为快手。微视在2013年上线短视频App，在2014年春节期间，腾讯邀请各大艺人进行宣传，日活跃用户数一度高达4500万。然而，随着市场竞争日益激烈，秒拍、美拍等竞品强势崛起，再加上内部资源整合的影响，微视自上线后逐渐失去优势，到2015年，腾讯将微视产品部并入腾讯视频，标志着对微视进行战略调整。

转型期，2016—2017年，4G网络开始普及，网络基础设施建设提速降费，短视频行业发展活跃，短视频分发渠道开始多元化，平台类型呈现多元化特点，内容专业化程度提升，行业发展走向正规化。快手在2016年推出直播功能，以虚拟礼物打赏所得收入计算，2017年快手成为全球最大单一直播平台，并开始探索其他变现模式，如在线营销服务。2016年抖音上线，并频繁上线各大综艺节目。而微视在这一时期停止全部服务。

爆发期，2018—2019年，由于多方资本涌入，各类短视频平台发展迅猛，同时政府政策监管力度加大。快手在2018年的平均日活跃用户数突破1亿，开始发展电商业务，于2019年正式推出快手极速版，以商品交易总额计算，2019年快手成为全球第二大直播电商平台。抖音2018年成立电商部门，全面开放购物车功能，支持接入第三方电商平台，包括天猫、淘宝等。2019年，抖音成为央视春晚独家社交媒体传播平台，通过多样玩法和技术，为春晚增添全新互动体验。同年，抖音推出抖音极速版，以满足不同用户的需求。微视在2019年开启"邀请好友赚万元赏金"推广活动，上线微视好物圈小程序，布局电商。

平稳期，2020年至今，短视频行业格局已逐渐形成，抖音和快手双巨头领跑，各互联网巨头平台纷纷形成了自己的短视频矩阵，MCN机构与短视频平台合作生态日益成熟，短视频平台的商业化加速。

📖 **职业素养**

作品抑或制品

2019年4月26日，全国首例广告使用短视频侵害著作权案在海淀法院一审宣判，法院认定上海一条网络科技有限公司（以下简称"一条公司"）未经允许，擅自将刘先生创作的2分钟短视频用于广告宣传，应当赔礼道歉并赔偿经济损失及合理开支 50 万余元。

出现这样的案例并非偶然。近几年来，短视频经历了井喷式增长。据相关统计，截至 2024 年 12 月，我国短视频用户规模达 10.40 亿，占整体网民的 93.8%。短视频不仅能推动知识传播，成为信息传播的重要渠道，也与农产品、文旅产业深度融合激发经济活力；但是短视频的野蛮生产也带来了恶意侵权的法律问题。

以本案为例，涉案视频是刘先生自驾某品牌新款汽车至崇礼滑雪的 2 分钟短视频。整个视频采用专业设备拍摄，剪辑多个拍摄素材组合而成，画面高清、制作精良。视频虽短，却具有独创性的著作权构成要件。

然而，一条公司作为专业广告宣传媒体，直接将刘先生的视频作为广告投放到其运营的微信、微博账号上，为该品牌新款汽车进行商业广告宣传，收取广告费用，且未署名。至刘先生取证时，视频阅读量已累计 40 万以上。

显然，这是一起典型的侵权行为。著作权作为一种无形资产，具有商业使用价值，能够为作者带来商业利润，这表明著作权可进行商业性生产与经营。因此，未经许可擅自使用他人作品，且不属于合理使用的范畴，无疑是对创作者权利的直接侵犯。

值得注意的是，由于一条公司拒不交出涉案视频收益的证据，海淀法院只能根据市场定价，按照法定赔偿的最高限额进行判赔。截至 2019 年 4 月，这是单个短视频判赔金额最高的著作权维权案。

换言之，视频的长短并不影响对著作权的保护，保护应当是一体化、普惠化、扁平化的。其中著作权法所称作品，是指文学、艺术和科学领域内具有独创性并能以一定形式表现的智力成果。作为创作者，应尊重他人作品，可适当借鉴，对比其他作品与自身作品取长补短，但切勿抄袭作品，造成侵权。

【演练与致用】

为了更好地理解直播电商发展的相关知识，下面通过实训来进一步了解直播电商平台。

实训任务

以小组为单位，利用网络通过不同的搜索引擎，如百度、360 搜索等，对直播电商平台进行归纳总结，完成表 3-2。

表 3-2　不同直播电商平台的对比

直播电商平台	淘宝	抖音	小红书
创办时间及发展历史			
应用界面及功能特点			
准入条件			
直播销售模式			

第三节 社交电商打造"私域化"

【探索与叩问】

"亲测有效，快去买""太好看了，'盘'它""太好吃了，被'种草'了"……"种草"作为一种新兴的社会现象，在打破专业信息壁垒、提高用户的决策效率等方面提供了便利。那么，从什么时候开始"种草"已经悄悄成为生活中的常用词，成为我们的一种社交方式？这种社交方式是如何影响我们的购买习惯的呢？

【初探与感知】

社交电商是电子商务的一种新型业态模式。传统电商以"商品"为中心，社交电商则以"人"为中心，以社交网络为纽带，借助日常生活中常用的各种社交媒体，将"关注""点赞""互动评论""转发分享"等多种互动社交元素融入交易过程中，以"用户裂变""粉丝'种草'""社交互动""用户自生内容"等手段辅助商品售卖。由于消费具有惯性及受周围消费水准的影响，社交电商的发展增强了消费信息的接收能动性。

一、社交电商概述

（一）概念

社交化电子商务，是将关注、分享、沟通、讨论、互动等社交化元素融入电子商务交易过程的现象。具体从以下视角分析。

（1）消费者视角

社交化电子商务紧密关联着用户的购物行为。在购物前，用户借助社交平台的用户评价、达人推荐等，进行店铺挑选与商品比较；购物中，通过即时消息（Instant Message，IM）、论坛等与电子商务企业交流互动，如咨询商品细节、物流信息等；购物后，会在社交平台发表消费评价、分享购物体验，这些内容又会影响其他用户的购买决策。

（2）电子商务企业视角

电子商务企业在运营中积极运用社交网络，主要目的是加强与用户的沟通交流。一方面，通过社交化工具和平台，如微博、抖音等，发布商品信息与优惠活动，吸引用户关注；另一方面，根据用户在社交平台的反馈，优化商品与服务，从而促进商品更顺利地推广与销售。

（3）社交网络媒体视角

社交网络媒体参与电子商务营销，核心目的是通过推广、销售电子商务企业的商品获取广告利润。它们凭借自身庞大的用户基础与精准的用户画像，为电子商务企业提供针对性的推广服务，实现双方的互利共赢。

（二）特点

传统电商也被称为"货架电商"，其用户的购买行为一般是"搜索式"的，即用户有了购物需求后，再到电子商务平台上搜索自己需要的商品，这个过程是有明确目标的，用户一般只会浏览自己需要的商品品类。

社交电商采用"发现式"购物模式，主动将商品推送到用户面前。用户的选择范围有限，社交电商通过低价、内容营销等手段激发用户的购买欲望，促成非计划式购买行为。同时，凭借信任机制快速促成交易，提高转化效率。最后，借助激励机制激发用户主动分享意愿，降低获客成本。传统电商与社交电商的流量模型对比如图 3-6 所示。

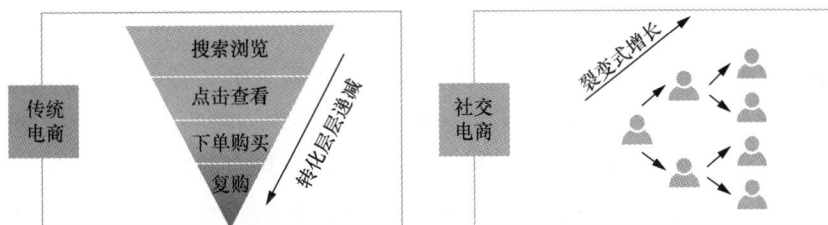

图 3-6 传统电商与社交电商的流量模型对比

社交电商以社交网络为纽带，具有以下特点。

（1）用户黏性强

相对于传统电商，社交电商具有鲜明的社交性质。买卖双方处于商业活动中时，本质上具有利益对立性，较难在消费过程中建立信任关系，而社交电商则可借助其社交性质，提升买卖双方的信任感。社交电商所利用的是人们在社交生活中更信任熟人购物评价的特点，可对用户进行精准定位，并通过社交群内口碑，提高用户认可度与忠诚度，从而使商品获得更高转化率与复购率。现在，除生活必需品外，用户开始越来越多地购买自己喜欢的商品，很多商品并非单纯地为满足用户某项刚性需求，而是一种能够提高用户生活品质的存在。用户选购该类商品，并不具备定期性，往往购买于生活闲暇，通过社交平台注意到这些商品后才会产生购买欲望进而发生购买行为。

（2）用户细分精确

社交网站是面向用户而建的，用户通常都会拥有自身群组，可在不同讨论组中发布信息。通过社交网站群组划分，商家即可轻易地接触大量用户，对用户的兴趣、爱好和习惯等信息有所了解，进而可制订精确的营销计划。社交电商的互动性与传统电商推行的单项搜索相比，可有效地引导用户购买个性化、非标商品，在电商转化率上远远超过传统电商。社交电商转化率可达到 6%～10%，社交平台上的知名"网红"的电商转化率甚至可达到 20%，而传统电商转化率一般不超过 1%。

（3）商业潜力巨大

在社交网络上，汇集了大量真实人群，丰富的人际资源给社交电商的发展带来了巨大的商业潜力。社交网站中的用户或多或少有一些好友及粉丝，在互联网中他们都是潜在的消费群体。这些用户不仅会在网络上购物，还可能会发布和分享自己的购物体验，从而担当网络"导购员"，不自觉地为其他潜在用户解答"买什么"及"在哪买"等问题，对那些尚未形成明确消费需求的用户产生激发作用，激发其消费需求，提高社交电商转化率。

二、主流社交电商平台

按照流量获取方式和运营模式的不同，社交电商平台可分为拼购型社交电商平台、会员制社交电商平台、社区团购型社交电商平台及内容型社交电商平台。

（1）拼购型社交电商平台

拼购型社交电商平台的主要特征是通过多个用户参与拼团的形式来达成商品的传播和社交分享，代表平台有拼多多和苏宁拼购等。拼多多作为拼购型社交电商平台的代表，其聚集两个及以上用户，以社交分享的方式进行组团，用户组团成功后可以享受更多的优惠。拼多多通过低价的方式提升用户参与积极性，让用户自行传播。拼购型社交电商平台只需要花费一次引流成本吸引用户主动开团，用户为了尽快达成订单会自主将其分享至自己的社交关系网络中，在传播拼团信息的过程中就有可能吸引其他用户再次开团，传播次数和订单数实现裂变式增长。拼购型社交电商模式如图 3-7 所示。

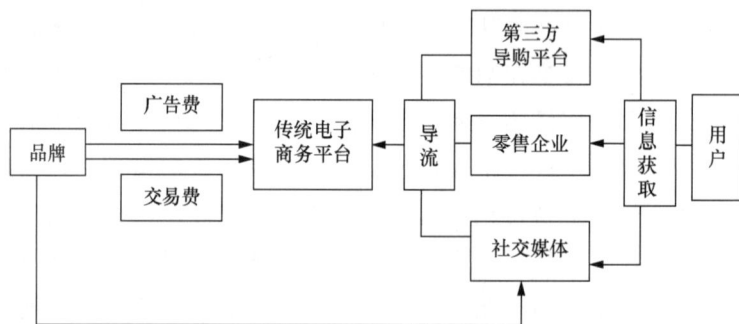

图 3-7　拼购型社交电商模式

拼购型社交电商是基于社交关系的团购低价和分享导向型电商。其目标用户是低线城市的价格敏感型用户，以生活用品、服饰等消费频次高、受众广的大众流通性商品为主，大部分商品价格不超过 100 元，低价是拼购型社交电商平台吸引用户进行分享传播的关键。

（2）会员制社交电商平台

会员制社交电商指在社交的基础上，以 S2B2C（Supplier to Business to Customer，供应商到企业再到消费者）的模式连接供应商与消费者实现商品流通的商业模式。

会员制社交电商是个人微商的升级版。在个人微商模式下，个人店主需要自己完成商品的采购、定价、销售、售后等全消费流程。而在会员制社交电商模式下，店主不介入供应链，仅承担获客与消费者运营的职责，由会员制社交电商平台提供标准化的全产业链服务，店主只需要利用社交关系进行分享和推荐就可以获得收入，如图3-8所示。

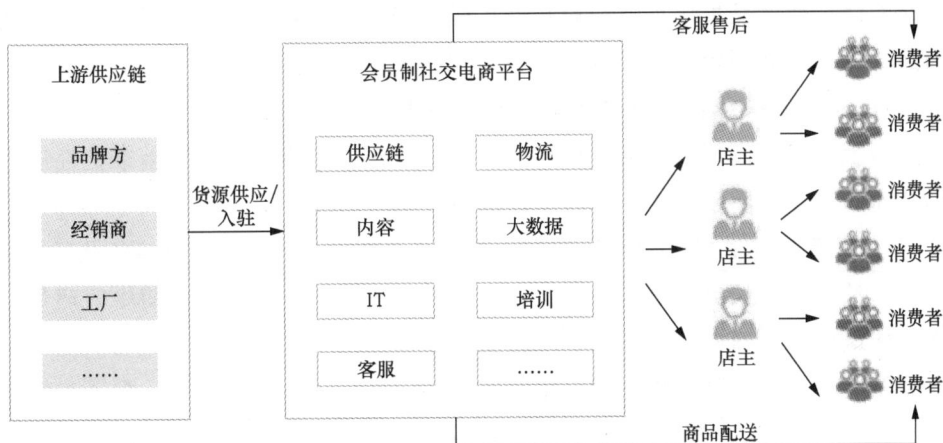

图 3-8 会员制社交电商模式

会员制社交电商平台的优势来自分销裂变带来的获客红利。一方面，平台通过有吸引力的晋升及激励机制让店主获益，推动店主进行拉新和商品推广，有效降低了平台的获客与维护成本。另一方面，店主在平台消费购买商品时也会享受优惠，有效提升了平台会员的活跃度和忠诚度。

（3）社区团购型社交电商平台

社区团购型社交电商模式也是S2B2C模式的一种，社区团购型社交电商平台提供仓储、物流、售后支持，由社区团长（一般是宝妈或社区便利店店主）负责社区运营，主要包括社群运营、订单收集、商品推广及货物分发。社区居民加入相关社群后，通过微信小程序或App下单，社区团购型社交电商平台将商品统一配送至团长处，居民上门自取或由团长完成最后一公里配送，如图3-9所示。

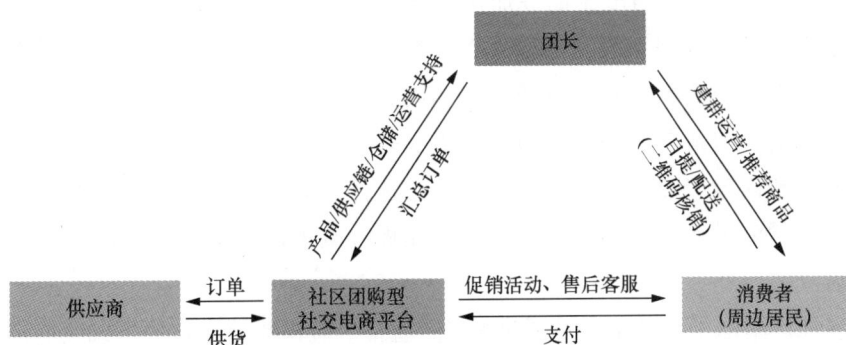

图 3-9 社区团购型社交电商模式

微信生态的商业化进程释放出显著的电商红利，小程序的蓬勃兴起及其商业功能的持续完善，为社区团购的繁荣发展筑牢根基。社区团购模式依托 S2B2C 架构，展现出独特且多元的核心价值，具体有以下几点。

① 社交裂变获客：社区团长多为宝妈或便利店店主，他们凭借自身在社区构建的轻熟人社交网络，使产品推广如涟漪般自然扩散。居民基于对团长的信任，更易接纳其推荐的商品，极大降低平台获客成本，实现高效的客户拓展与留存。

② 订单驱动采购：居民通过小程序或 App 提前下单付款，平台借此预付制整合海量订单，与上游供应商博弈赢得价格优势，严格遵循以销定采原则，精准把控进货量，大幅削减商品损耗与库存积压，提高资金流转效率。

③ 高效物流配送：供应商将货物运送至平台仓库后，平台精准对接各社区需求，直发货物至团长处。团长灵活采取送货上门或引导居民自提的方式，精简中间环节，有效控制终端配送成本，确保商品及时、准确交付。

在品类选择上，社区团购巧妙以生鲜作为切入点。生鲜作为居民日常消费的高频刚需品，虽面临低毛利、高损耗与高物流成本的挑战，但社区团购凭借预售集采集配模式，提前锁定销量，合理规划配送，不仅能降低周转资金压力，还能提高生鲜供应链整体效率，深度融入社区居民日常生活，满足居民便捷、实惠的购物需求。

（4）内容型社交电商平台

内容型社交电商即通过形式多样的内容引导消费者进行购物，实现商品与内容的协同，从而提升营销效果的一种电子商务模式，代表平台为小红书。市场调研机构 eMarketer 调研数据显示，超 70% 的消费者借助 KOL、品牌自有广告及社交广告等社交媒体和数字媒体关注品牌动态。Z 世代和千禧一代作为网购主力，追求个性化、碎片化消费，其中超 85% 的人购物决策易受 KOL 影响。在内容营销方面，短视频营销十分火爆。Coresight Research 报告显示，预计到 2025 年年底，短视频促成的电商销售额将突破万亿。例如，小红书上某品牌精华液测评视频点赞超百万，使该产品当月销量环比增长 200%。同时，社区经济在内容型社交电商中作用凸显，尼尔森研究表明，朋友或社群推荐能让消费者购买意愿提升 60%。内容与电子商务加速融合，借优质内容影响消费者决策、引导购物，已成为电子商务重要营销手段。年轻人正逐渐成为网络购物消费的主力军，为了满足他们碎片化、个性化的消费需求，电子商务和内容产业链正逐渐走向融合，通过内容影响消费者决策，引导消费者的购物行为，如图 3-10 所示。

电子商务和内容产业链融合是一个互补的选择。对于电子商务平台而言，流量红利将尽，亟须新的流量入口，内容作为介质，在提升电子商务消费者黏性和消费者体验方面作用明显。

在内容社区中电子商务平台可通过帖子、直播、短视频等丰富的形式吸引消费者，部分消费者在购买后还会将自己的使用情况制作成内容再次分享到平台上，进一步丰富平台内容，形成"发现—购买—分享—发现"的完整闭环，有效提高消费者黏性与转换率。

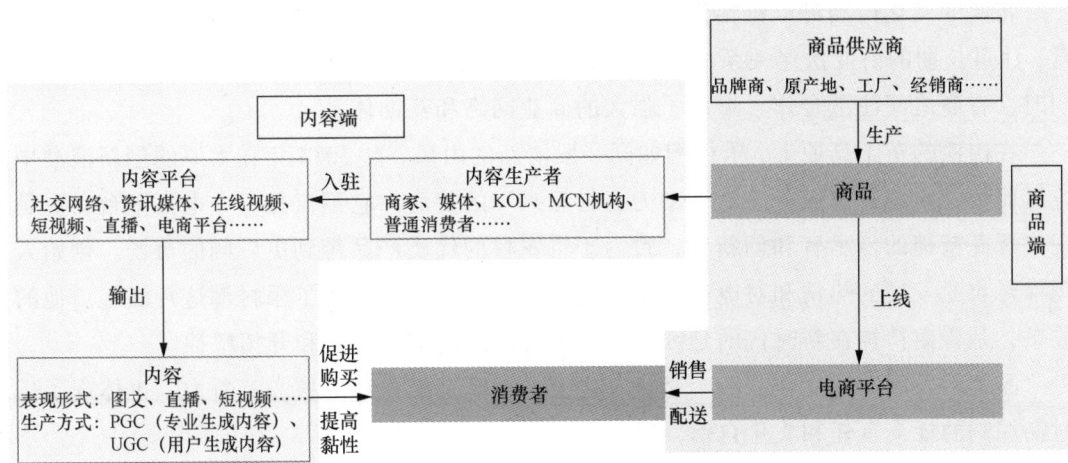

图 3-10 内容型社交电商模式

【演练与致用】

社交电商发展到现在，种类细分越来越精细化，其中社区团购作为社群新零售模式更是受到众多商家的青睐。随着美团、滴滴等企业的进入，社区团购市场的竞争变得白热化。下面通过实训来进一步了解社交电商的商业模式。

实训任务

以小组为单位，利用网络搜索引擎（如百度、360 搜索等）收集信息，对不同社区团购平台进行归纳总结，完成表 3-3。

表 3-3 不同社区团购平台的对比

社区团购平台	创办时间及发展历史	目标用户	产品核心功能	运营方式
美团优选				
多多买菜				
橙心优选				
兴盛优选				

【讲给电商人听的商道精神】

晋商

晋商，以其深厚的商业传统和独特的经营哲学，在中国商业史上具有举足轻重的地位。晋商的代表人物之一是乔致庸，他是晚清著名的晋商领袖，以诚信经营和创新精神闻名于世。乔致庸出生于山西祁县，早年随父经商，后独立创办了"复盛公"商号，主要经营茶叶、丝绸等商品，其产业遍布全国，甚至远至俄罗斯等地。

晋商的文化内涵可以概括为"诚信、稳健、创新、合作"。晋商以诚信为本，稳健经营，注重长期的商业伙伴关系。他们在经营中不断创新，勇于开拓新的市场和经营模式。同时，晋商之间注重合作，形成了强大的商业网络和互助体系。

在山西的黄土高原上，乐村淘如同一股清新的山风，自2014年在太原的创新浪潮中应运而生，承载着"服务三农，助力乡村振兴"的使命。它不仅是一个电商平台，更是现代晋商精神的传承者和创新者，致力于将农村的优质产品带到更广阔的市场。创始人凭借对农业发展的热情和对电子商务模式的深刻理解，耕耘出了乐村淘这片沃土。他的故事，是晋商精神在新时代的延续，展现了晋商的诚信、稳健和开拓精神。

品牌的发展，建立在"四个坚持"之上，这既是乐村淘的核心竞争力，也体现了乐村淘深刻的社会责任和文化自信。

首先，乐村淘的坚持体现在对服务三农的承诺上。品牌深信，通过电子商务平台的力量，能够为农民提供更广阔的市场，帮助他们增加收入，改善生活。这种服务精神，正是晋商"以农为本"传统思想的现代体现，也是对中国传统农业文明的尊重和传承。

其次，乐村淘对品质的坚持，是对晋商"货真价实"商业道德的继承。品牌严格筛选每一件农产品，确保其健康、安全、可追溯，让消费者吃得放心，这不仅是对消费者负责，也是对晋商诚信经营传统的坚守。

在创新驱动方面，乐村淘展现了晋商"勇于开拓"的精神。品牌不断探索新的营销策略和商业模式，以适应市场的快速变化，这种创新精神与晋商历史上不断开拓新商路、新市场的精神一脉相承。

最后，乐村淘的社会责任坚持，体现了晋商"富而思进"的情怀。品牌通过参与和发起各类公益活动，如乡村振兴项目，回馈社会，展现了企业的社会责任感，这正是晋商"达则兼济天下"的传统美德在当代的生动体现。

乐村淘的文化传承，深深植根于晋商的商业智慧和中国传统文化的沃土之中。它所倡导的"诚信经营，合作共赢"的理念，是对中国传统商业诚信精神的现代诠释。通过乐村淘平台，这份诚信精神得以传递，让消费者在享受购物的同时，也能感受到晋商文化的深厚底蕴。

在电子商务领域的创新实践中，乐村淘不断推出特色活动，如"农产品节""农民直供日"，满足消费者对健康、绿色食品的需求。同时，乐村淘积极探索线上线下融合的新零售模式，开设线下体验店，让消费者能够更直观地体验乐村淘的产品和服务。

乐村淘的故事，如同一首赞歌，在新时代新征程上激励着每一位晋商、每一位中国人，为实现乡村振兴战略贡献力量。这不仅是对晋商精神的传承，也是对国家发展和民族复兴的责任与担当。

第四章

共育生态：电子商务服务体系

目标导览

- **知识目标**
  - 掌握电子支付的概念和常用电子支付方式
  - 了解电子商务物流服务模式和常见物流信息技术
  - 了解移动互联网、大数据技术、人工智能技术对电子商务发展的影响
- **能力目标**
  - 能够根据大数据技术在电子商务领域的应用阐述用户分析、推荐系统等应用实例
  - 能够根据 VR/AR 在电子商务领域的应用分析虚拟试衣、产品展示等应用实例
  - 能够根据人工智能技术在电子商务领域的应用分析智能客服等应用实例
- **素养目标**
  - 培养学生对新技术的热情并树立跨学科学习和应用的意识
  - 培养学生形成创新意识和逻辑思维
  - 培养学生基于移动支付领先地位的民族自豪感和行业认同感

知识导图

电子支付概述
电子支付方式
移动支付开启便捷生活
电子支付安全
电子支付发展趋势

电子商务物流
电子商务物流畅通供应链
物流信息技术与供应链
常见的物流信息技术

共育生态：电子商务服务体系

移动互联网推动电子商务发展
大数据推动电子商务发展
信息技术支撑电子商务发展
元宇宙与电子商务
VR/AR技术在电商中的应用

人工智能与电子商务
人工智能赋能行业升级
人工智能的应用

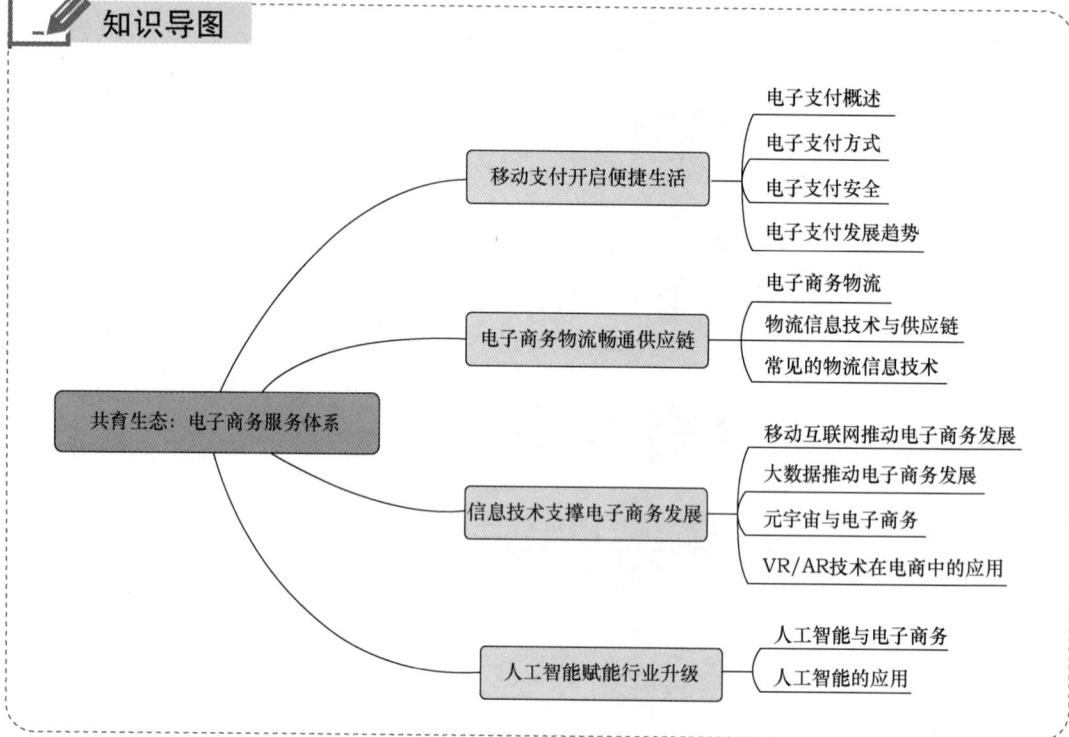

第一节 移动支付开启便捷生活

【探索与叩问】

"你有多久没用现金了？现在你会在什么情况下使用现金？"

很多人说"我都快忘了现金长什么样了"，尤其是看到新版 10 元纸币和 1 元硬币的时候，会产生一种疑惑："怎么和我之前见过的不一样"。

"抱歉，我没带实体钱……"这句话引起了大家的共鸣。"实体钱"这个词的出现也让这个"梗"一下子爆火，让人都快想不起来钱之前叫什么了。

在过去，现金是人们生活的必备品，而如今，移动支付几乎取代了现金支付的地位。人们的衣食住行已经和移动支付密切地绑定在了一起：扫码支付买早餐，刷二维码乘坐公交车、地铁，网购新衣服，手机转账支付房租和水电费，等等。

根据央行 2021 年 12 月发布的数据可以佐证这个结论：2019 年，我国 ATM 数量首次出现减少，当年减少了 1.31 万台；2020 年下滑趋势更明显，全年减少 8.39 万台。"十四五"期间，为促进移动支付行业高质量发展，国务院等监管部门陆续发布了《"十四五"

数字经济发展规划》《关于恢复和扩大消费的措施》《关于加快生活服务数字化赋能的指导意见》等一系列政策文件，重点推进移动支付便民服务向县域农村地区下沉，并对体系建设、数据安全、重点建设方向作出了指导和具体规划，为移动支付行业的发展指明了发展方向，提供了广阔的市场前景。2024 年 3 月，国务院办公厅印发《关于进一步优化支付服务提升支付便利性的意见》，要求针对不同群体的支付习惯，统筹力量打通支付服务存在的堵点，着力完善多层次、多元化的支付服务体系。

【初探与感知】

智研咨询在《中国支付体系行业市场专项调研及竞争战略分析报告》中指出，移动支付在中国已经成为主流支付方式，渗透率达到 85%，并且在全球范围内具有领先地位。根据数据统计，2024 年上半年，超过 500 万入境人员使用移动支付，同比增长 4 倍，交易金额达到 140 多亿元。

提到移动支付，很多人就会联想到电子支付，会将它们混为一谈。那么它们之间有什么关联和区别呢？

👤 一、电子支付概述

（一）概念及特点

电子支付是指电子交易的当事人，包括消费者、商家和金融机构，使用安全电子支付手段，通过网络实现货币支付或资金流转的行为。

电子支付与传统支付相比，电子支付具有方便、快捷、高效、经济的特点。电子支付的操作环境是开放的互联网，更贴合我国电子商务发展的需求；电子支付打破时空限制，消费者可以随时随地通过互联网进行支付。电子支付对电子商务的发展有着重要的意义，电子支付的发展促进了电子商务的发展。

（二）电子支付系统的架构

基于互联网的电子支付系统，主要由清算中心、商业银行、支付者和商家组成。电子支付系统的架构如图 4-1 所示。

清算中心负责结清核算商业银行等金融机构之间的业务交易所产生的资金，包括中国人民银行、中国银联及第三方机构。商业银行包括发行银行和接收银行，发行银行为支付者提供有效的电子支付工具，如电子现金、电子支票和信用卡等，负责收付与结算；接收银行从商家处收到电子支付工具，并验证其有效性，然后提交给清算中心。支付者和商家处于产生实际交易的层面，涉及商品和资金的流动。

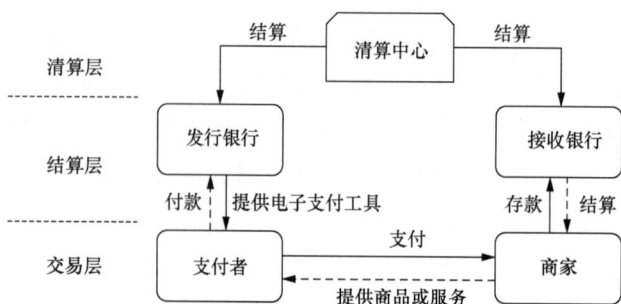

图 4-1　电子支付系统的架构

二、电子支付方式

电子支付作为新型支付方式，给消费者带来了很多全新的体验，电子支付对于消费者而言，已经是日常生活的一部分内容。目前，支付业市场衍生出第三方支付、移动支付、网上银行、聚合支付等多种支付服务，市场上占有率较高的是第三方支付和移动支付。

（一）第三方支付

第三方支付，是指具备一定实力和信誉保障的金融机构作为卖家与买家的支付中介，通过网络对接而促成交易双方进行交易的网络支付模式。第三方支付的出现有效规避了交易风险，促进了电子商务的发展。

按第三方支付平台属性，其可以分为中国银联、互联网公司推出的支付产品和独立第三方支付平台三大类别。下面将介绍几种常见的第三方支付平台。

（1）支付宝

支付宝成立于 2004 年，是阿里巴巴旗下的第三方支付平台，致力于为企业和个人提供"简单、安全、快速、便捷"的支付解决方案。

2024 年，支付宝发布首份平台商业活力报告，报告显示，支付宝 App 有约 10 亿用户，超 8000 种服务。支付宝践行"支付为民服务实体"的初心，研发了快捷支付、条码支付、刷脸支付、二维码支付等创新支付技术，服务于商业经营、便民缴费、交通出行等不同场景下的数字支付需求，为超 10 亿用户、8000 万商家提供支付服务保障，助力实体经济蓬勃发展。

（2）财付通

财付通是腾讯公司于 2005 年 9 月正式推出的专业在线支付平台，是首批获得中国人民银行支付业务许可证的第三方支付平台。财付通致力于为互联网用户和企业提供安全、便捷、专业的在线支付服务。

财付通作为综合支付平台，业务内容与支付宝相似，包括转账收款、生活缴费、交通出行、金融理财、快捷支付等。

2013 年 8 月 5 日，微信支付正式上线。微信支付以绑定银行卡的快捷支付为基础，为用户提供在线充值、提现、支付、交易管理等安全、高效、快捷的支付服务。微信支付服务如图 4-2 所示。

图 4-2 微信支付服务

（二）移动支付

移动支付是互联网时代的一种新型支付方式，其以移动终端为中心，通过移动终端对所购买的商品进行结算支付，是交易双方为了交易某种商品或服务，以移动终端为载体，通过移动通信网络实现的商业活动。现阶段，移动支付的主要方式是手机支付。

移动支付具有电子支付的特点，也与移动通信技术、无线射频技术、互联网技术等相互融合。按照支付距离远近划分，移动支付主要分为近场支付和远程支付；按照支付方式划分，移动支付主要分为 App 客户端支付、二维码支付、NFC（Near Field Communication，近场通信）支付和指纹支付等。以下介绍几种常见的移动支付方式。

（1）App 客户端支付

App 客户端支付是目前使用最普遍的移动支付方式之一，用户可直接在 App 中完成支付过程。App 客户端支付可调动第三方平台（支付宝、微信等），或 App 自带的支付平台。图 4-3 所示为 QQ 音乐购买页面、美团购物支付页面。

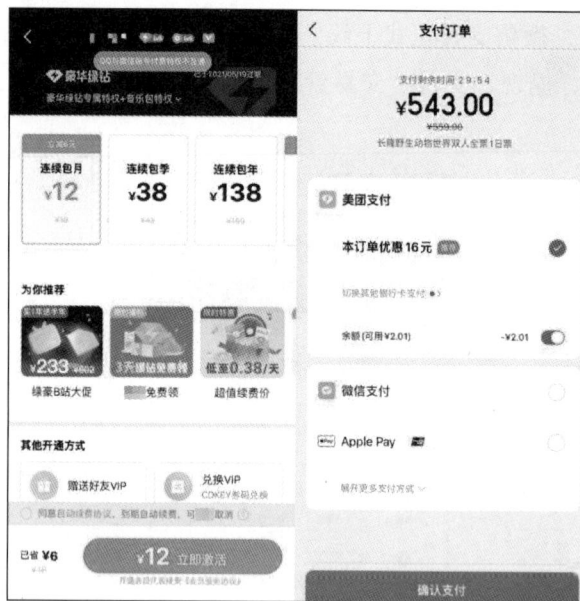

图 4-3　App 客户端支付页面

（2）二维码支付

商家把付款账号、商品价格等交易信息汇编到一个二维码中，然后消费者通过手机扫描二维码来完成支付。二维码支付是目前国内较为主流的移动支付方式，其中以支付宝扫码和微信扫码最为典型，其二维码支付入口如图 4-4 所示。

图 4-4　二维码支付入口

（3）NFC 支付

NFC 支付是指消费者在购买商品或服务时，即时采用 NFC 技术，通过手机等移动终端设备完成支付，是一种新兴的移动支付方式。NFC 是在射频识别技术的基础上，结合无线互联技术研发而成的。NFC 支付需要在线下面对面支付，从而实现在短距离内识别兼容设备并进行数据交换，不需要使用无线网络。如苹果公司推出的 ApplePay，就是一种基于 NFC 的手机支付功能，如图 4-5 所示。

图 4-5 NFC 支付

三、电子支付安全

（一）电子支付存在的安全问题

随着电子商务技术和信息化水平的发展，电子支付安全成为电子商务发展的核心。虽然政府不断推出电子支付相关法律法规，进一步规范我国电子支付的各种交易行为，但是电子支付的安全性仍然是制约电子支付发展的主要原因。因此，构筑安全支付保障体制，化解非法交易对电子支付的威胁，对电子支付产业的发展尤为重要。目前，电子支付存在的安全问题包括以下 3 个方面。

（1）计算机网络问题

电子商务的主要业务流程是以互联网为基础建立的，许多信息要通过网络传送。如果遭受计算机黑客的攻击、网络病毒的破坏，其后果将是异常严重的。

（2）信用问题

互联网具有充分开放的特点，网上交易双方互不见面，交易的真实性不易考察和验证，因此网上交易对社会信用有较高要求。

风险之一是来自买方的信用风险。在网络交易中，对于个人消费者而言，其可能存在通过伪造个人信息、伪造银行交易凭证骗取卖家商品或服务的行为；还可能存在使用信用卡进行恶意透支，或使用伪造的信用卡骗取卖方的商品或服务的行为。

风险之二是来自卖方的信用风险。由于交易主体双方获得的信息不对称，因此买方难以掌握卖方与商品的信息；此外，卖方可能不能按质按量按时寄送消费者所购买的货物，或者不能完全履行交易合同。

（3）诈骗问题

随着互联网的发展，支付结算方式不断更迭，伴随产生的网络诈骗、电信诈骗、信用卡诈骗等新型诈骗是不可回避的重要难题。在相关部门加强监管和打击力度的同时，个人持续提升金融安全意识也是防范新型诈骗术的关键。

（二）电子支付风险防范对策

（1）完善电子支付相关的法律法规

为了适应电子商务的不断发展，我国需要建立健全与电子支付相关的法律法规，规范电子交易参与者的行为，引导消费者诚实守信。

（2）建立可靠的电子支付信用体系

电子支付平台可通过将电子商务平台与我国征信体系相接，设计合理的评价等级，提高信用评价的可信性，不断完善信用体系。若要建立可靠的电子支付信用体系，不仅需要电子商务企业及消费者进行自我约束和相互监督，还需要政府发挥监管作用。

（3）提高电子支付安全技术水平

为确保电子支付安全，应以创新的思想，建立具有中国特色的信息安全体系，建立统一的技术规范，把网络信息链条进行互联、互通、互动。提高电子支付安全技术水平的目的是在统一的网络环境中保证电子支付中的个人隐私信息安全及财产安全，致力于打造良好的电子支付市场环境。

四、电子支付发展趋势

（一）趋势一：新业态

电子支付将线上线下场景进一步融合，支付方式的具体形式呈现多元化、多层次的发展趋势。刷脸支付、声波支付、生物识别等众多新兴支付方式，为电子支付市场提供了多样化、个性化的支付服务产品。

（二）趋势二：新格局

电子商务的爆发式发展，促进了第三方支付业务的迅猛发展。同时，随着人工智能的深度应用，富有活力的支付生态产业链条更加开放，电子支付长期稳定向好势头将会继续保持。

（三）趋势三：新工具

央行数字货币的推广应用，客观上突破了传统的印刷货币的限制。央行发行的数字货币与传统的印刷货币在流通效果上具有同质性。区块链技术的使用场景不断扩大，深度影响支付产业逻辑。

创新驱动

"新四大发明"

在中国古代，火药、指南针、印刷术、造纸术对当时的政治、经济、文化发展起到了巨大的推动作用，后来传至西方后，对世界文明发展产生了重大影响，因此，火药、指南针、印刷术、造纸术被誉为中国古代四大发明，并为历代人所沿用，流传至今。随着改革开放的不断深入，中国以令世人瞩目的速度迅速成长，已成为举足轻重的世界大国，受到世界各国的密切关注。2017 年 5 月，来自"一带一路"沿线的 20 国青年评选出了中国的"新四大发明"：高铁、移动支付、共享单车和网络购物。这 4 项并非由中国发明，但在中国的推广应用比较广泛，对国外影响很大。

高铁重塑了距离和空间的格局，移动支付改变了传统的金融秩序，共享单车冲击了传统私有制观念，网络购物改变了传统商业的秩序。

（1）高铁：中国的高铁技术处在世界领先水平，已建成世界上最现代化的铁路网和最发达的高铁网。截至 2024 年年底，我国高速铁路运营里程达 4.8 万千米，创下新的运营里程记录。中国高铁是中国科技实力和经济实力的代表，我国为非洲国家建设的高铁，成为当今中国一张靓丽的名片。

（2）移动支付：支付宝是中国移动支付的代表。如今大多数中国人出门根本不用带现金，一部手机、一个二维码，就可以轻松完成支付，就连老奶奶到菜市场买菜都知道"扫一扫"。移动支付为我们的生活提供了极大的便利，也是中国经济实力和科技力量的生动体现。

（3）共享单车：从最初的摩拜单车，到后来的哈啰单车等共享单车的迅速普及，不仅方便了人们的生活，而且减少了碳排放量，起到了保护环境的作用。共享单车的普及反映出人们生活观念的转变和现代社会服务的完善。"共享"这一理念融入了人们的生活，推动了社会的进步。

（4）网络购物：如今互联网已经成为大多数人生活的一部分，各种购物网站应运而生，购物形式也十分丰富多彩。中国互联网络信息中心（CNNIC）在 2024 中国国际大数据产业博览会"智能经济创新发展"交流活动上发布第 54 次《中国互联网络发展状况统计报告》，报告显示，截至 2024 年 6 月，我国网民规模近 11 亿人（10.9967 亿人），较 2023 年 12 月增长 742 万人，互联网普及率达 78.0%。上半年，我国互联网行业保持良好发展势头，互联网基础资源夯实发展根基，数字消费激发内需潜力，数字应用释放创新活力，更多人群接入互联网，共享数字时代的便捷和红利。

"新四大发明"服务于中国人的衣、食、住、行，其不仅对我国的民生和经济起到了巨大的推动作用，更是向世界展现了中国"创新、协调、绿色、开放、共享"的新发展理念，在世界舞台上展现了中国风格和中国气派！

【演练与致用】

为了更好地理解电子支付的相关知识，下面通过实训来进一步区分不同电子支付方式的特点。

实训任务

对比支付宝支付、微信支付两种电子支付方式的开通条件，完成表4-1。

表4-1　不同电子支付方式的开通条件

序号	电子支付方式	开通条件
1	支付宝支付	
2	微信支付	

第二节　电子商务物流畅通供应链

【探索与叩问】

当网络购物不满意时，消费者只需在菜鸟裹裹App中申请退货，并在App中填写退货信息，就可以预约快递员上门取件。菜鸟裹裹App不仅能一站式管理消费者所有快递，还能为消费者提供"放心寄、丢必赔""随心收""2小时上门收件""隐私寄""到站寄"服务。

消费者不用通过电话或邮件的方式联系快递公司或寻找快递物流站点，只要有手机即可完成购物、退换货等一系列活动。电子商务物流是什么时候悄悄改变了我们的生活方式呢？你能否清晰地感知到，带来这些改变的原因是什么呢？

【初探与感知】

商流、资金流、物流和信息流是电子商务流通过程中的四大组成部分，这"四流"构成了一个完整的流通过程，如图4-6所示。同样，电子商务交易活动的实现必然需要商流、资金流、物流、信息流在时空上的协作，"四流"缺一不可。

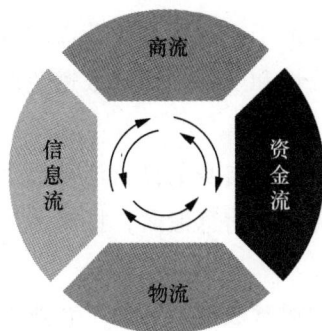

图 4-6 电子商务流通过程

商流是指物品在流通中发生形态变化的过程，即由货币形态转化为商品形态，以及由商品形态转化为货币形态，随着买卖关系的发生，商品所有权发生转移的过程。具体的商流活动包括买卖交易活动及商务信息活动。资金流是指在买卖双方间随着商品实物及其所有权的转移而发生的资金往来流程，包括支付结算等活动。商务活动的经济效益是通过资金的流动体现的。信息流是指电子商务活动各交易主体之间的信息传递与交流的过程，它伴随整个交易过程。物流则指商品从供应地向接收地的实体流动过程。根据实际需要，物流包括运输、储存、装卸与搬运、包装、流通加工、配送、信息处理等基本功能。

商流、资金流、物流、信息流是一个相互联系、互相伴随、共同支撑电子商务活动的整体。商流是动机和目的，资金流是条件，物流是终结和归宿，信息流是手段。

一、电子商务物流

（一）电子商务与物流的关系

电子商务与物流有着密切的联系。物流是电子商务的重要组成部分，是实现电子商务的保障。电子商务为物流提供了发展机遇，强化了物流配送的地位，降低了物流采购的成本，促进了物流技术的发展。

电子商务的本质是商务，而商务的核心是商品生产和交易。电子商务可以用下面这个等式来表示：电子商务=线上信息传递+线上交易+电子支付+物流配送。

（二）电子商务物流模式

（1）自营物流模式

自营物流模式是指企业建立一套自己的物流体系,采用一条龙的物流配送业务模式。目前，我国的电子商务企业大多都采用了自营物流模式，如京东、当当。

① 优势

控制力强。自营物流模式有利于企业掌握控制权，摆脱第三方物流的制约，能对供应、生产及销售等环节的物流进行全面的控制，拥有自主调节、控制的权利。

协调性强。自营物流模式有助于企业根据经营需求进行合理规划，掌握配送的各个环节，保证货物的物流配送准确性和及时性，有效避免商品在运输中破损、丢失、遗漏等问题。

专业性强。自营物流模式为企业自身的经营活动提供物流服务，有助于企业利用原有的资源，降低交易成本，避免机密信息泄露，提高企业品牌价值，提升客户满意度。

② 不足

自营物流模式增加了企业的运营成本，削弱了企业抵御市场风险的能力。企业只有在规模化程度较高的情况下，才能降低运营成本，但自建物流体系需要投入大量资金，不利于提高核心竞争力。

（2）第三方物流模式

第三方物流（Third Party Logistics，简称 3PL 或 TPL）是相对"第一方"发货人和"第二方"收货人而言的，它是指由独立于物流服务供需双方之外且以物流服务为主营业务的组织提供的物流服务模式。第三方物流提供的服务通常包括运输、仓储、存货管理、订单管理、资讯整合及附加价值服务等。

① 优势

减少投资，降低物流成本。企业可集中精力于核心业务，减少对物流系统的大量投资，加速资金周转，降低企业的物流运营成本。

专业、全面。企业可根据自身的业务范围选择合适的物流公司，还可为客户提供灵活多样的服务，为客户创造更多的价值。

② 不足

第三方物流模式下，企业失去货物的控制权，不能保证货物配送的准确性和及时性，难以保证服务质量，企业处于被动的地位，不能保证与客户建立长久的合作关系。

（3）物流联盟模式

物流联盟模式是以物流为合作基础的企业战略联盟，是供应链上两个或多个企业之间，为了实现自己的战略目标，通过协议对各成员的物流资源进行重新组合，结成优势互补、风险共担、利益共享的松散型网络组织。菜鸟裹裹物流联盟部分合作伙伴如图 4-7 所示。

① 优势

快速开拓业务。物流联盟模式有助于企业快速开拓业务，实现资源共享、优势互补，达到"1+1>2"的效果。

降低企业运营成本及风险。物流联盟的合作伙伴可建立联盟机制形成内部环境，减小交易过程中的不确定性，降低交易费用，实现共同利益最大化。通过持续开展合作，遵守信用，可以提升企业的物流作业能力，进而提高企业的竞争力。

图 4-7　菜鸟裹裹物流联盟部分合作伙伴

② 不足

联盟稳定性差。物流联盟通常涉及多家企业，包括生产企业、电子商务企业、物流企业等。当各主体在利益分配、发展战略等方面的利益最大化目标难以达成一致时，联盟内部就容易出现分歧。

标准统一困难。不同类型的企业，其运营模式和管理标准差异较大。例如，传统制造业企业和新兴的跨境电商企业，在货物包装、运输时效要求等方面的标准不同。这使物流联盟无法统一运作标准，人员调配、资产整合及物资流通等环节都受到阻碍，导致物流联盟模式难以充分发挥应有的价值。

二、物流信息技术与供应链

（一）物流信息技术概念

电子商务物流信息是反映物流中运输、仓储、包装、装卸、搬运等活动相关知识、资料、图像、文件的总称。

电子商务物流信息是伴随着物流活动的发生而产生的，现代信息技术的发展使人们能够及时准确地掌握物流信息，并通过其对物流活动进行有效的控制。物流信息技术是现代信息技术在物流各个作业环节中的综合应用，企业应利用物流信息技术来提高供应链活动的效率，增强供应链的经营决策能力。

（二）供应链概念

供应链是指从提供生产零件开始，制成中间产品及最终产品，最后通过销售网络把产品送到消费者手中的，将供应商、制造商、分销商与消费者连成一个整体的功能网链结构。供应链电子商务（Supply Chain E-commerce）已经成为全球商业的重要组成部分。它通过整合信息技术与现代供应链管理，将传统的供应链过程与电子商务相结合，为企业带来了高效、便捷和可持续的商业模式。

供应链电子商务提供了一个协同和管理的平台，帮助企业实现供应链各环节的协同作业，可以有效地提高供应链各方的合作效率和协同能力。同时，该平台使企业可以在线上进行采购与销售活动，省去了传统的中间环节和时间成本。该平台还可以通过整合物流和配送资源，实现供应链的优化和物流成本的降低。

三、常见的物流信息技术

通过准确、及时的物流信息对物流过程实时监控，可以加快物流速度，有效减少库存，缩短生产周期，降低企业成本。

根据物流的功能及特点，物流信息技术可以分为条码技术、射频识别技术、QR 技术、电子数据交换、全球定位系统与地理信息系统等。

（一）条码技术、射频识别技术、QR 技术

（1）条码技术

条码技术是在计算机的应用实践中产生和发展起来的一种自动识别技术。它是为实现对信息的自动扫描而设计的，是实现快速、准确、可靠地采集数据的有效手段。商品条码是指由国际物品编码协会（EAN）和美国统一代码委员会（UCC）规定的，用于表示商品标识代码的条码，包括 EAN 商品条码（EAN-13 商品条码和 EAN-8 商品条码）和UPC 商品条码（UPC-A 商品条码和 UPC-E 商品条码）。

（2）射频识别技术

射频识别技术（Radio Frequency Identification，RFID）是一种非接触自动识别技术，能实现对静止或移动的物体或人员的自动识别，常称电子标签。RFID 在商品上置入特制的微芯片，称为 RFID 标签。RFID 标签可以用来追踪和管理几乎所有的物理对象，是物流管理、追踪等领域信息化的重要手段之一。典型的射频识别系统一般由多个部分组成，如图 4-8 所示。

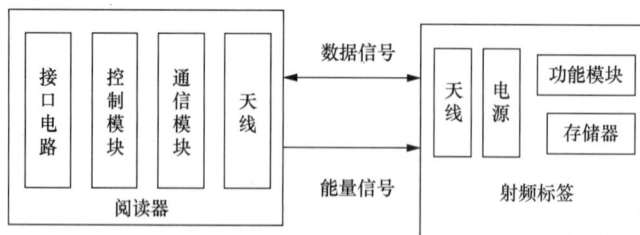

图 4-8　射频识别系统的组成

电子标签进入磁场后，接收解读器发出的射频信号，凭借感应电流所获得的能量发送存储在芯片中的产品信息，或者主动发送某一频率的信号，解读器读取信息并解码后，送至中央信息系统进行有关数据处理。

（3）QR技术

QR技术是一种被广泛使用的快速响应的二维码技术，具有快速识别、大容量存储、广泛应用和高容错性等优势。QR码是二维条码的一种，比普通条码可存储更多信息，人们扫描时无须像扫普通条码一样以直线角度对准扫描器。

QR码呈正方形，只有黑白两色。在3个角的位置印有较小、像"回"字的图案，这是帮助解码软件定位的图案。QR码原本是为了汽车制造厂便于追踪零件而设计的，现在QR码已广泛应用于各行各业的存货管理中。

（二）电子数据交换

电子数据交换（EDI），是指参加商业运作的双方或多方按照协议，对具有一定结构的标准商业信息，通过数据通信网络在参与方计算机之间进行传输和自动处理。EDI传输的核心内容是商业信息和商业单证，如订单、发票、付款通知、付款凭证、交货凭证等，EDI使商业伙伴之间的关系更加密切。

（三）全球定位系统与地理信息系统

全球定位系统（Global Positioning System，GPS）是美国从20世纪70年代开始研制，历时20年，耗资200亿美元，于1994年全面建成，具有在海、陆、空进行全方位实时三维导航与定位功能的新一代卫星导航与定位系统。

GPS主要包括3大部分：空间部分——GPS卫星，地面控制部分——地面监控部分，用户设备部分——GPS信号接收机。GPS广泛应用于铁路运输、军事物流、交通系统等领域。

地理信息系统（Geographical Information System，GIS）利用地理模型的分析方法及时提供多种空间、动态的地理信息，是用于输入、存储、查询、分析和显示地理数据的计算机系统。

GPS及GIS都对物流发展有促进作用。物流企业利用GPS可以定位车辆位置，GPS在运输管理系统中可用于运输任务的调度计算和优化；GIS在运输管理系统中可用于计算最佳运输路线、确定运输时效性和进行成本控制，如要求走收费最便宜的道路等。

✎ 创新驱动

京东物流集团：值得信赖的供应链基础设施服务商

京东集团于2007年开始自建物流，2017年4月正式成立京东物流集团（以下简称"京东物流"），2021年5月，京东物流于香港联交所主板上市。京东物流是中国领先的技术驱动的供应链解决方案及物流服务商，以"技术驱动，引领全球高效流通和可持续发展”为使命，致力于成为值得信赖的供应链基础设施服务商。

一体化供应链物流服务是京东物流的核心赛道。目前，京东物流主要聚焦于快消、服装、家电家具、3C、汽车、生鲜等六大行业，为客户提供一体化供应链解决方案和物流服务，帮助客户优化存货管理、减少运营成本、高效分配内部资源，实现新的增长。同时，京东物流将长期积累的解决方案、产品和能力模块化，以更加灵活、可调用与组合的方式，满足不同行业的中小客户需求。

京东物流建立了包含仓储网络、综合运输网络、配送网络、大件网络、冷链网络及跨境网络在内的高度协同的六大网络，具备数字化、广泛和灵活的特点。京东物流的服务范围覆盖了中国几乎所有地区和人口，不仅建立了中国电子商务与客户之间的信赖关系，还通过"211限时达"等时效产品和上门服务，重新定义了物流服务标准。

京东物流正在大力推进前沿科技的规模化应用，自京东集团2017年宣布全面向技术转型以来，京东物流就一直尝试着将多年积累的、领先的技术能力进行工具化和平台化。

截至2024年"双十一"，多项前沿科技已经开始应用于京东物流的末端配送、分拣、运力等环节，作业效率得到明显提高，综合成本也随之降低。根据京东物流官方的表述，前沿科技的规模化应用是京东物流提质、增效、降本的关键，并"成为2024年第三季度净利润良性增长的核心动力。"

在末端配送环节，京东物流引入了地图与路区规划技术，结合区域特点、订单分布、配送人员状态，以及智能规划站点选址与配送覆盖关系，为快递员优化配送路线，实现订单全链路履约时间大幅缩短，末端站点人效提升。

在分拣环节，京东物流在"双十一"期间投用了"智狼货到人系统"，整套系统包括智狼搬运机器人、智狼飞梯机器人和立体货架等。以北京大兴临空智能物流园区为例，全仓使用近百台智狼飞梯机器人和搬运机器人，实现自动化入库、上架、拣选、出库等环节。据统计，在这个"货到人"模式下，仓库的拣货效率提高了3倍以上，且大幅降低了员工工作强度和仓内运营成本。

在运力环节，京东物流通过全国运力智能统调体系，结合货量预测、动态路由、智能调度等算法技术，实现动态调整运输资源、优化运输线路，有效降低运输成本、提高效率，通过全国运力统调体系全方位调度陆铁空资源，同城调度打通资源壁垒实现最优调配。

京东物流对前沿技术的探索成果得到了多方认可。2024年9月，中国物流与采购联合会公布了2024年度科学技术奖获奖名单，京东物流11项科技创新及应用成果获得科技进步奖和科技发明奖，3位技术专家获评科技创新青年奖，再次位居行业第一，这也是京东物流连续第8年获得该奖项。

　　京东物流的科技创新不仅体现在内部的效率提高，也体现在对产业的科技赋能。京东物流通过将自身的物流科技能力向社会企业开放，为零售、医药、农业等各个领域提供定制化解决方案，与上下游企业形成协同效应。供应链的智能化和高效化，最终可以让每个参与其中的企业共同提质增效。

　　同时，京东物流着力推行战略级项目"青流计划"，从"环境""人文社会""经济"3 个方面，协同行业和社会力量共同关注人类的可持续发展。京东物流是国内首家完成设立科学碳目标倡议（SBTi）的物流企业，同时引入使用更多清洁能源，推广和使用更多可再生能源和环保材料，践行绿色环保措施。

　　京东物流坚持"体验为本、技术驱动、效率制胜"的核心发展战略，将自身长期积累的新型实体企业发展经验和长期技术投入所带来的数智化能力持续向实体经济开放，服务实体经济，持续创造社会价值。

【演练与致用】

　　为了帮你掌握物流信息技术要点，下面我们将全面剖析不同的物流信息技术，助你深入理解不同物流信息技术的要点。

实训任务

对比物流信息技术，完成表 4-2。

表 4-2　不同物流信息技术的优缺点

序号	物流信息技术	优点	缺点
1	条码技术		
2	QR 技术		
3	RFID		
4	EDI		
5	GPS		
6	GIS		

第三节　信息技术支撑电子商务发展

【探索与叩问】

　　2023 年世界互联网大会上明确指出，新技术都是贸易发展的重要驱动力，电子商务的繁荣发展也离不开网络信息技术的普及应用。第四届中国新电商大会上发布的《中国新电商发展报告 2024》指出，新电商是以数据为核心要素，以大数据、人工智能等数字技术为支撑，以数字化平台为载体，以用户为中心，在新一代信息技术与商贸活动的融合创新下衍生的电商新业态。

融合化、沉浸式场景创新将成为常态，不仅体现在行业间的边界模糊，更体现在新零售与技术的深度结合。电子商务将如何在技术的支撑下持续创新呢？

【初探与感知】

互联网的飞速发展，使电子商务行业依托于先进的信息技术、通信技术及网络技术，迎来了崭新的发展阶段。从消费电子商务到工业电子商务，我国电子商务的发展成效有目共睹，如产地直销、直播带货等新业态持续涌现。电子商务从消费端加速向生产端拓展，移动电子商务、电子商务大数据服务、人工智能的应用等新型信息技术是电子商务蓬勃发展的关键支撑，将持续推动实现更大范围、更广领域、更深层次的线上线下的融合，助力经济的高质量发展。

一、移动互联网推动电子商务发展

（一）移动互联网的概念

移动互联网指互联网技术、平台、商业模式和应用与移动通信技术结合并实践的活动的总称，如图 4-9 所示。它是 PC 互联网发展的必然产物，既有移动通信的随时随地随身的优势，同时也融合了互联网的开放、分享和互动特性。依托电子信息技术的发展，移动互联网能够将网络技术与移动通信技术结合在一起，而无线通信技术也能够借助客户端的智能化实现各项网络信息的获取，这也是作为一种新型业务模式所存在的，涉及应用、软件及终端的各项内容。

图 4-9　移动互联网概念示意

随着无线通信技术、用户定位识别技术、商品表示技术、移动支付技术的日益成熟，移动互联网技术开始进入一个新的发展阶段，以此为基础的移动电子商务逐渐成为人们日常生活中必不可少的一项服务。同传统的有线互联网服务相比，移动互联网服务更加人性化，建立起全新的互联网经济，对激发电子商务市场具有重要意义。与有线互联网电子商务相比，移动互联网服务不会受到地域及空间限制，能够针对专业领域及特殊领域提供专业的信息服务。

（二）移动互联网对电子商务发展的影响

（1）手机成为高频终端

随着移动应用程序的普及，手机已经不再只是一个基本通信和信息传递的终端，而是成为了一个人们随身携带的娱乐和消费终端。

（2）移动设备解决商业需求

使用智能手机与平板电脑的用户群正以惊人的速度增长，同时用户的消费方式，消费习惯和消费行为都在随之改变。

（3）移动搜索成为标准配置

移动搜索正逐步成为我们生活中最重要的一种消费途径，几乎每一台智能手机或移动设备上都配套有电子地图，通过电子地图进行目的地检索已经成为人们衣食住行的标准配置。

（4）本地化趋势日趋明显

移动互联网服务使我们可以"实时实地"获取各种信息，这也正是移动互联网的魅力和优势所在。通过移动互联网满足用户获得本地化服务的需求，并以此提供各种相关的基础性服务，有效促进了本地生活消费模式的发展。

二、大数据推动电子商务发展

（一）大数据技术的概念

大数据技术是指在海量数据中发现有价值信息的一系列技术和方法。它包括数据的采集、存储、管理、分析和可视化等多个环节。大数据技术的基础是强大的计算能力和高效的数据处理算法，它们使我们能够处理和分析前所未有的数据规模。

电子商务大数据，即电商数据，是记录在电子商务业务流程中涉及商品和用户行为的一系列数字化信息。

（二）大数据技术在电子商务领域的应用

作为大数据的一个重要分支，电子商务大数据通过收集和分析用户行为数据、交易数据、商品数据等，为电子商务平台提供了强大的决策支持。通过大数据分析，电子商务平台能够更准确地把握市场需求，优化商品布局，提升用户体验，从而实现业务增长。同时，电子商务大数据也为商家提供了精准营销、个性化服务、商品个性化推荐等创新手段，推动了电子商务行业的持续发展。

（1）用户行为分析

在电子商务领域，用户行为分析是大数据技术的一项关键应用场景。通过对用户在电子商务平台上的浏览、搜索、购买等行为数据进行深入分析，企业能够洞察用户需求、深入了解用户的偏好和行为模式。基于用户的行为数据，构建用户的兴趣、偏好、习惯等特征形成用户画像，通过用户画像，企业可以更精准地定位潜在用户，并为他们提供个性化的服务，以持续优化用户体验，并制定更有效的营销策略。

（2）个性化服务

在电子商务领域，个性化推荐是大数据技术的第二类关键应用场景。个性化推荐能够根据用户的购买历史和行为数据，为用户推荐他们可能感兴趣的商品，是提升用户体验和增加销量的关键技术之一。一个有效的推荐系统能够向用户展示他们可能感兴趣的商品，从而提高用户的购买意愿和平台的转化率。通过大数据技术不断优化推荐系统，电子商务平台可以更好地满足用户需求，提升用户满意度，并最终实现销售增长和品牌忠诚度的提升。

（3）供应链管理优化

供应链管理优化是大数据在电子商务中的另一重要应用场景。供应链管理是电子商务运营中的关键环节，它涉及商品从供应商到用户的整个流程。准确的需求预测是供应链管理中的核心，它可以帮助企业合理安排库存，避免过剩或缺货。大数据技术可以通过分析历史销售数据、市场趋势、季节性因素等，预测未来的需求趋势；通过实时分析销售数据和库存水平，帮助企业实现更精准的库存管理，降低库存成本，提高库存周转率；还可以用于分析运输数据，优化配送路线，减少运输成本，提高配送效率。大数据技术在供应链管理中的应用，使供应链管理更加智能化，帮助企业降低成本，提高响应速度和市场竞争力，为企业带来了前所未有的透明度和效率。

（三）电子商务大数据应用的发展趋势与挑战

（1）电子商务大数据应用的发展趋势

随着大数据技术的不断发展和应用场景的不断拓展，电子商务大数据应用正呈现出以下发展趋势。首先，数据驱动的决策将成为电子商务行业的常态。电子商务平台每天产生包括用户浏览、搜索、购买、评价等的海量数据，物联网、社交媒体等技术也进一步扩大了数据来源，这些数据为电子商务企业提供了丰富的决策依据；同时，机器学习等技术的快速发展使处理和分析海量数据成为可能，也让数据驱动的决策更加精准和高效。其次，跨平台、跨领域的数据整合正成为电子商务大数据应用的新方向。传统电子商务数据分散在各个平台和系统中，形成数据孤岛，这导致难以全面分析相关数据，因此限制了数据的价值挖掘，阻碍了电子商务企业的精细化运营和决策。数据挖掘和机器学习、数据安全和隐私保护技术及政策法规的推动，使整合多平台、多领域数据，构建更全面的数据体系成为可能，推动企业提升竞争力并实现可持续发展。

（2）电子商务大数据应用的发展挑战

大数据技术的广泛应用，为企业带来了相应的挑战，包括数据质量、数据隐私和安全、数据分析技能及技术更新等。为了应对这些挑战，企业需要采取一系列措施，如数据清洗、加密技术、人才培养和技术投资等。通过积极应对这些挑战，电子商务企业可以更好地利用大数据技术，提升用户体验，增强市场竞争力，并在大数据时代中实现可持续发展。

这些挑战需要电子商务平台和相关部门共同努力，通过加强数据治理、完善相关法律法规等措施，确保大数据在电子商务行业中的健康、可持续发展。

三、元宇宙与电子商务

（一）元宇宙的概念

元宇宙是一个由 VR、AR、区块链、人工智能等多种技术融合构建的、持续在线的虚拟世界。在这个世界中，人们可以进行社交、娱乐、购物等多种活动，体验与现实世界类似的互动和沉浸感。

随着元宇宙的兴起，电子商务也迎来了新的发展机遇。传统的电子商务模式正在向元宇宙电商转变，用户可以在虚拟商店中浏览商品、试穿衣物、体验虚拟场景，享受更加沉浸式的购物体验。同时，元宇宙电商也为品牌商提供了新的营销渠道和用户互动方式。

（二）元宇宙电商的特点

元宇宙电商的特点可以归纳为以下几点：①沉浸感，通过虚拟现实技术，用户可以身临其境地体验商品和服务；②社交性，在元宇宙中，用户可以与其他用户进行实时互动和交流，分享购物心得和体验；③个性化，借助人工智能技术，元宇宙电商可以为用户提供更加个性化的商品推荐和服务；④安全性，区块链技术为元宇宙电商提供了更加安全、透明的交易环境。

（三）元宇宙电商的现状与趋势

越来越多的品牌和商家进入元宇宙电商领域，寻求新的营销和销售机会。一些知名品牌已经在元宇宙中建立了自己的虚拟商铺，展示和销售商品，并且取得了良好的效果。元宇宙电商的发展现状呈现出技术应用与创新不断涌现、品牌与 IP 深度融合、市场规模不断扩大、数字资产交易活跃、及政策环境逐步完善的趋势。

（1）技术应用与创新不断涌现

元宇宙电商结合了 VR、AR、区块链等先进技术，为用户提供沉浸式的购物体验。这些技术的应用不仅提升了用户的购物体验，还为商家提供了更多的营销手段和销售渠道。

（2）品牌与 IP 深度融合

元宇宙电商将为品牌和 IP 提供新的展示和营销渠道。品牌和 IP 可以在元宇宙中创建自己的虚拟场景和互动体验，与用户进行更加紧密的互动。这种深度融合将提升品牌的知名度和影响力，提升用户的忠诚度和参与度。

（3）市场规模不断扩大

随着元宇宙技术的不断成熟和应用场景的拓展，元宇宙电商的市场规模将不断扩大。根据相关预测，预计到 2030 年，元宇宙的总收入将达到 4900 亿美元，其中电子商务销售额有望突破 2000 亿美元，成为收益最高的领域之一。这一显著增长表明元宇宙电商有着巨大的市场潜力和增长空间。

（4）数字资产交易活跃

在元宇宙电商中，数字资产交易十分活跃。虚拟土地、虚拟商品等数字资产的交易频繁，许多用户热衷于购买具有独特设计和稀缺属性的数字商品，以满足个性化需求，同时部分数字资产还具备增值潜力，吸引了不少投资者。例如，某知名元宇宙项目中的虚拟土地，在拍卖中成交价屡创新高，一块优质的虚拟土地成交价可达数百万美元，凸显了数字资产在元宇宙电商中的重要价值和活跃程度。

（5）政策环境逐步完善

随着元宇宙电商的发展，政策环境也在逐步完善。政府相关部门开始关注元宇宙电商领域，出台了一系列监管和扶持政策，规范数字资产交易，保障用户权益，鼓励企业创新，为元宇宙电商的健康发展提供了有力的政策支持。上海虹口区发布《虹口区促进元宇宙产业发展的试行办法》，通过引导元宇宙项目和企业汇聚、鼓励元宇宙关键技术创新发展、推进元宇宙示范应用场景开放、营造元宇宙产业生态、推动元宇宙标准与知识产权布局等措施，促进创新载体提能增效，推动元宇宙产业集群发展，打造元宇宙产业发展的引领先导区，为元宇宙电商企业在当地的发展提供了良好的政策土壤。

四、VR/AR 技术在电商中的应用

（一）概念

VR 技术通过头戴设备将用户带入一个完全由计算机生成的三维环境，提供沉浸式的体验。用户在 VR 环境中可以自由移动，与虚拟对象互动。AR 技术则将虚拟信息叠加到用户的视野中，增强用户对现实世界的认知和体验。AR 技术通常通过智能手机或专门的 AR 眼镜实现。例如，当你戴上 VR 头盔，进入虚拟海滩的系统时，不仅可以看到虚拟的成片海滩，还可以听到海浪声。而在 AR 体验中，你可以通过移动终端看到现实世界中的家具被虚拟的装饰品所替换，这种体验让你在购买前就能预见家具摆放在家中的效果。

VR 技术的核心在于创造一个 360 度的全景视觉体验，通常需要高性能的图形处理单元（Graphics Processing Unit，GPU）和高精度的位置跟踪系统。AR 技术则依赖于摄像头捕捉现实世界的场景，并通过计算机视觉算法将虚拟图像与现实场景融合。

（二）VR/AR 技术在电商中的实际应用案例

VR/AR 技术在电商领域的实际应用为用户带来了更加丰富和直观的购物体验。这些技术不仅提高了用户的购买决策效率，也为电子商务企业开辟了新的营销渠道和商业模式。

（1）虚拟试衣间

虚拟试衣间基于三维建模和实时渲染技术，用户首先需要在系统中输入自己的体型数据，随后，用户可以在虚拟环境中浏览服装，并选择喜欢的款式进行试穿。通过 VR 头盔和手柄，用户可以全方位地查看服装的贴合度和整体效果。阿里巴巴作为全球知名的电商平台，一直在探索如何利用新技术提升用户体验。在阿里巴巴"Buy+"项目中，用户戴上 VR 头盔，进入"Buy+"虚拟商店。通过简单的手势，用户可以浏览服装，并在虚拟自我身上试穿。用户甚至可以做不同的动作，如转身、弯腰，以查看服装在不同姿态下的表现。

（2）AR 购物助手

AR 购物助手通过 AR 技术，将产品以虚拟形式叠加到用户的真实环境中，这不仅帮助用户直观地了解产品尺寸和颜色，还能够模拟产品在实际使用场景中的效果。例如，在宜家"IKEA Place"应用中，通过手机摄像头，用户可以看到家具以虚拟形式被放置在家中的效果。用户可以移动手机，从不同角度查看家具的摆放效果，甚至可以调整家具的大小和颜色。同时，系统提供了一键购买功能，方便用户直接下单。

（3）互动式产品演示

互动式产品演示利用 VR/AR 技术，为用户提供了一种全新的学习和体验方式。用户不仅可以看到产品的外部形态，还可以深入了解产品的内部结构和工作原理。例如，大疆科技利用无人机和 VR 技术，为用户提供全景航拍体验，用户可以通过 VR 设备实时查看无人机拍摄的全景画面。大疆科技通过技术创新，将无人机与 VR 结合，为用户提供了全新的视角和沉浸式体验，广泛应用于旅游、房地产和影视制作等领域。

【演练与致用】

为了深入理解信息技术在电子商务交易中的具体应用场景，下面通过实训来进一步体验信息技术是如何优化用户体验的。

实训任务

访问"得物"App，体验虚拟试穿/试装流程，记录操作步骤、技术实现及用户体验优点和不足，完成表 4-3。

表 4-3　VR/AR 技术应用体验

功能名称	操作步骤（简述）	技术实现（如 3D 建模、实时渲染）	用户体验优点	用户体验不足
示例：AR 试鞋	1. 点击"AR 试穿" 2. 对准脚部扫描 3. 选择鞋款试穿	实时动作捕捉、虚拟叠加技术	直观展示效果	对光线要求高

实训步骤

1. 3～5 人一组，在组内分配好体验、记录等任务，下载安装"得物"App，准备支持 AR 功能的移动设备（需含摄像头），注册账户。

2. 打开"得物"App，选择虚拟商品，选择体验的内容进行操作并记录。

① AR 试鞋：扫描足部→选择鞋款→多角度查看

② 3D 试衣：输入身高体重→虚拟模特换装→查看动态效果

③ 个性化推荐：浏览历史→系统推荐搭配→试穿组合

3. 小组讨论功能用到的技术，如 3D 建模等，填写在对应表格栏。

4. 体验分享，小组可从操作流畅度、视觉真实度及功能实用性等角度进行分析，总结功能的优点和不足，填入表格。

5. 每组派代表展示表格内容，分享体验结果。

第四节　人工智能赋能行业升级

【探索与叩问】

随着科技的飞速发展，人工智能（Artificial Intelligence，AI）技术已经渗透到我们生活的方方面面，尤其是电子商务领域。你是否想过，当你在电子商务平台浏览商品时，是什么智能算法在推荐你可能感兴趣的商品？又或者，AI 技术是如何与电子商务融合的呢？这种融合又带来了哪些变革和挑战？接下来，我们一起探索这些问题。

【初探与感知】

AI 大模型与电子商务的融合，在近年来已成为电子商务领域的一大趋势。国内 AI 大模型在电子商务平台的应用已经相当广泛，涵盖个性化推荐、智能客服、智能价格优化、智能物流管理等多个方面。这些应用不仅提高了电商平台的运营效率和服务质量，也为用户带来了更好的购物体验。在服贸会期间举行的"2024 电子商务大会"上，商务部国际贸易经济合作研究院发布的 2024 版《中国电子商务区域发展大数据分析报告》报告指出，在多种电子商务形态背后，AI 正从运营端、供应链端、消费者端深度赋能整个行业，推动电子商务持续向全方位智能化、个性化方向发展。因此，电子商务已成为 AIGC（Artificial Intelligence Generated Content，人工智能生成内容）核心商业应用场景之一，也是推进 AI 技术迭代的天然土壤。

一、人工智能与电子商务

（一）人工智能大模型的基本概念

AI 大模型是指拥有超大规模参数、超强计算资源的机器学习模型，通过深度学习算法和人工神经网络进行训练后，能够处理海量数据，完成各种复杂任务，如自然语言处理、图像识别等。其中，生成式 AI 作为其中一个分支，正逐渐展现出巨大的潜力和广泛的应用前景，如图 4-10 所示。

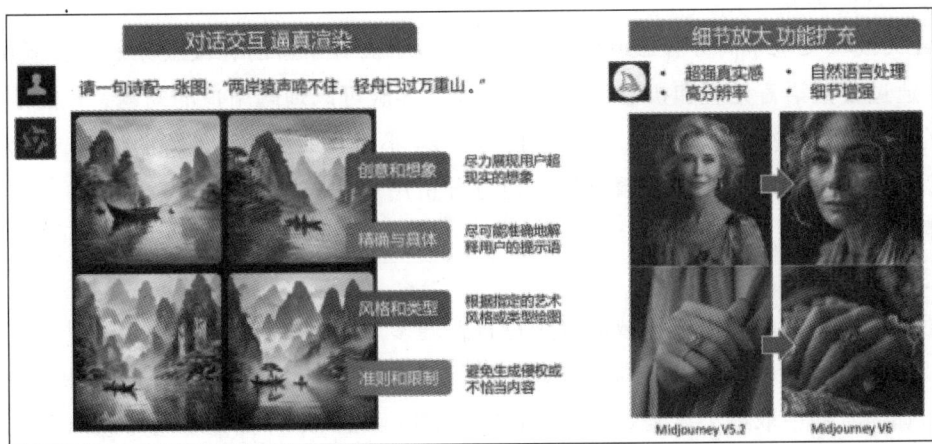

图 4-10 生成式 AI 功能展示

根据 OpenAI 公司的模型分类方法（见表 4-4），只有大型模型和极大型模型才能被称为 AI 大模型，其中大型模型参数达到 1 亿至 10 亿个，而极大型模型参数则超过 10 亿个。

表 4-4 OpenAI 公司的模型分类方法

模型分类	标准
小型模型	参数量小于或等于 100 万个
中型模型	参数量达到 100 万至 1 亿个
大型模型	参数量达到 1 亿至 10 亿个
极大型模型	参数量大于 10 亿个

（二）人工智能大模型与电子商务的融合

AI 大模型在电子商务领域的应用日益广泛，涵盖个性化推荐系统、智能客服、智能仓储和物流管理、语音机器人及生成式 AI 等多个方面。这些应用通过结合深度学习、大数据分析和自然语言处理等手段，不仅提升了用户体验，还提高了电子商务平台的运营效率。特别是生成式 AI 在内容创作和营销方面提供的支持，助力电子商务企业降低成本、提高效率，AI 的应用正推动电子商务行业向更智能、更个性化的方向发展。

（1）个性化推荐系统

AI 大模型通过深度学习和大数据分析技术，能够精准地分析用户的购物行为、浏览记录和喜好，从而为用户提供个性化的商品推荐。例如，通过分析用户的购买历史和搜索关键词，AI 大模型可以预测用户可能感兴趣的商品或服务，并在用户浏览时主动展示相关推荐内容，有效提高了转化率和用户满意度。

（2）智能客服

AI 大模型在电子商务客服领域的应用，使电子商务平台的客服服务更加智能化和高效化。通过自然语言处理和机器学习技术，智能客服可以理解用户的问题，并给出准确、即时的回答。与传统客服相比，智能客服具有 24 小时在线、无须等待的优势，极大地提升了用户体验。同时，智能客服还可以通过分析用户的问题和反馈，不断提高自身的服务质量和效率。

（3）语音机器人

语音机器人在电子商务领域的应用也日益增多。它们能够模拟人类语音与用户进行交互，帮助用户完成购物、查询、咨询等操作。例如，中关村科金得助语音机器人在某美妆品牌的营销中取得了显著效果，下单转化率达到 26%，并提高了用户意向和识别率。

（4）生成式 AI

生成式 AI 是指一种能够自动生成新的内容、想法或创作的技术。AIGC 在电商领域的应用正在加速，如图 4-11 所示。例如，国内 AI 创业公司北京月之暗面科技有限公司开发的 AI 对话助手"KIMI"、百度公司开发的一款基于 Transformer 模型的自然语言处理工具"文心一言"（见图 4-12）、阿里巴巴公司推出的以文本对话创作助手"通义千问"为代表的通义系列 AI 工具、杭州深度求索人工智能基础技术研究有限公司开发的媲美 OpenAI 的 DeepSeek 等，以及国外的 ChatGPT、DALL-E 等生成式 AI 工具等，它们可以用于自动生成商品描述、营销文案、广告创意图像等内容，极大地减轻了电子商务从业者的创作负担。随着技术的不断进步和应用的不断拓展，越来越多的电子商务从业者开始使用生成式 AI 工具进行产品展示和营销，以更好地吸引用户和提高转化率，实现降本增效。生成式 AI 将在电子商务领域发挥更加重要的作用，为电子商务从业者带来更多便利和智能化体验。

案例：某新品样品宣传海报，先用AI生成逼真场景和模特形象，再与现有包装进行后期效果融合

图 4-11 电商领域的 AIGC

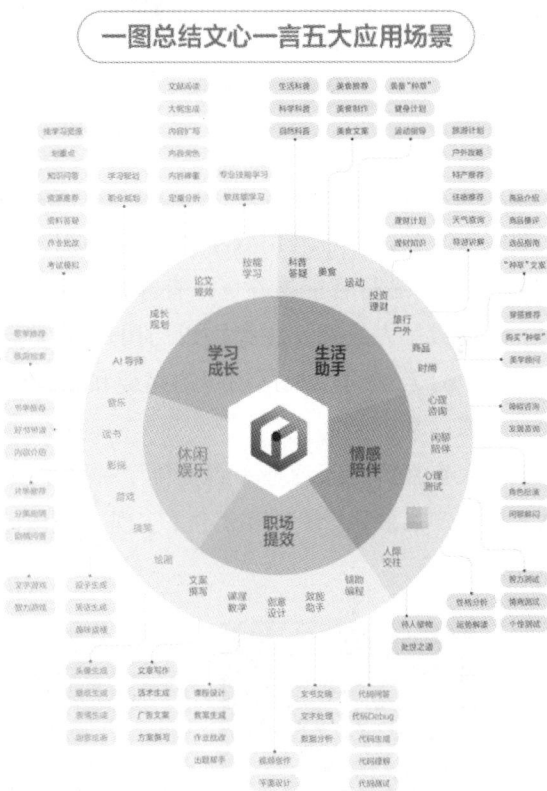

图 4-12 生成式 AI 工具举例

二、人工智能的应用

（一）数字人技术与数字人直播

（1）数字人技术

随着科技日新月异的发展，数字化浪潮正以前所未有的速度席卷各行各业，直播领域亦不例外。其中，数字人直播作为一种新兴业态，以其独特的魅力与无限潜力，正逐渐崭露头角，引领着直播行业的变革。数字人技术结合计算机图形学、深度学习、自然语言处理等技术，创造出高度逼真的虚拟人物，如图 4-13 所示。

这些虚拟人物不仅具有人类的外貌特征，还能模拟人类的行为和表情，为用户提供较为生动和真实的购物体验。数字人具有高度可定制性和逼真性，可以根据不同需求进行设计和制作。同时，数字人可以实现与真实世界的交互，为人们提供更为丰富的体验。

百度
AI数字人"希加加"

万和
数字代言人"YONA"

图 4-13　数字人

（2）数字人直播

数字人直播是一种利用数字技术和互联网平台进行直播的新型传播方式。数字人直播利用 AI 技术进行智能推荐、智能剪辑、智能互动等，以提升直播内容的精准度和观看体验。通过数字人直播，主播可以与用户进行实时互动，分享内容，实现信息的高效传播。例如，AI 算法可以根据用户的兴趣和偏好推荐合适的直播内容，确保用户能够看到他们真正感兴趣的产品。

数字人直播为电子商务平台提供了一个全新的推广和销售渠道，数字人主播可以代替真人进行产品展示、解说和销售，实现 24 小时不间断直播，提高销售额和品牌曝光度，如图 4-14 所示。

图 4-14　数字人直播

（二）数字人直播与传统直播的区别

数字人直播与传统直播在主播身份、制作成本、内容灵活性、互动性、可持续性、应用场景和价值等方面存在显著的区别，如表 4-5 所示。数字人直播以其独特的优势，为电子商务等多个领域带来了创新性的解决方案和体验。

表 4-5 数字人直播与传统直播的区别

区别方面	数字人直播	传统直播
主播身份	主播是由相关软件生成的虚拟人物，通过高精度的 3D 建模、动作捕捉、语音合成等技术，实现对真人或虚拟人的高度模拟，达到高度逼真的效果	主播是真实存在的人，具有独特的个人风格和魅力，能够直接与用户进行实时互动
制作成本	通过计算机软件即可完成制作，无须雇用大量专业人员和设备，成本更低	需要设备租赁、场地布置、人员工资等多项费用，成本相对较高
内容灵活性	可以随时随地进行直播，内容灵活多样，不受时间和地点的限制	受限于时间、地点、人员等因素，内容相对固定，难以随时调整
互动性	通过语音识别、自然语言处理等技术实现与用户的实时互动，互动形式更加多样化和智能化。数字人可以根据用户的反馈和需求进行自适应的调整和切换，提升互动效果	用户与主播之间的互动主要通过发送弹幕、赠送礼物等方式进行，互动形式相对单一
可持续性	可以实现全天候不间断服务，无须休息和更换人员，具有更高的可持续性	受主播的时间和精力限制，无法 24 小时不间断进行
应用场景和价值	在电商直播、教育直播、娱乐直播等多个领域和场景中得到了成功。在电子商务领域，数字人直播可以为商家提供低成本、高效率、高质量的直播方式，提高销售额和转化率；在教育领域，数字人直播可以实现教学内容的多样化呈现，提升学生的学习兴趣和效果；在娱乐领域，数字人直播可以为用户提供新颖、有趣、有吸引力的直播体验	主要适用于商品展示、品牌宣传、娱乐互动等场景，通过真实的互动体验吸引用户

（三）数字人在客户服务中的应用

随着技术的不断进步和应用场景的拓展，数字人在客户服务中的应用越来越广泛和深入。数字人不仅能为用户提供高效、便捷的服务体验，还能提升企业的竞争力和市场地位。目前数字人在客户服务中的应用方式较为丰富，主要有以下几类。

（1）自动化客户服务与智能路由和分流

数字人可以 24 小时不间断地提供服务，处理用户的基本问题并满足其需求，如查询订单状态、提供产品信息等；通过自然语言处理和机器学习技术，数字人能够理解用户的自然语言输入，并给出相应的回答或建议。数字人能够初步评估用户的查询类型和问题复杂度，然后将用户导向最合适的客服渠道或传统客服人员。这种智能分流有助于优化客服资源的使用，减少用户等待时间。

（2）个性化服务与多语言支持

数字人可以通过分析用户的历史数据和偏好，提供个性化的服务推荐和解决方案，这有助于提升用户体验和用户忠诚度。数字人可以使用多种语言，为来自不同国家和地区的用户提供服务。这有助于企业拓展国际市场，提升全球竞争力。

（3）聊天机器人和虚拟助手

数字人可以作为聊天机器人或虚拟助手，与用户进行自然、流畅的对话。它们可以处理简单的任务，如设置提醒、预订会议等，也可以协助用户完成更复杂的任务。虽然数字人在情感理解方面仍有局限，但一些先进的数字人客服系统已经能够分析用户的情感状态，并尝试提供情感支持。例如，在用户表达不满或沮丧时，数字人可以提供安慰的话语或建议，引导用户通过其他渠道进一步解决问题。

📑 行业洞察

随着AI的飞速发展，其在各个行业的应用日益广泛，极大地提高了生产效率和服务质量。然而，随着AI的深入渗透，一系列伦理问题也逐渐浮出水面，成为不容忽视的重要议题。

AI伦理是指AI系统在决策、行为和影响人类生活时所涉及的道德和伦理问题的领域，它关注的核心问题包括3个方面。一是隐私问题，AI系统处理大量个人数据，可能侵犯用户的隐私权。确保数据的安全与合规使用，是AI伦理的重要议题。二是公平和偏见问题，AI算法在处理数据时可能产生偏见，导致不公平的结果，如在招聘、贷款等领域，算法偏见可能加剧社会不平等。三是责任和透明度问题，当AI系统犯错或导致问题时，难以追溯责任。那么应提高AI系统的透明度和可解释性，以便在出现问题时能够明确责任并采取纠正措施。

AI在电子商务领域的应用过程中也存在以下伦理挑战。

① 数据隐私与安全方面，电子商务行业在利用AI进行用户行为分析和个性化推荐时，需要处理大量个人数据。这涉及个人隐私保护的问题，如数据的收集、存储和使用是否合规，以及是否存在数据泄露的风险。

② 算法透明度与公平性方面，AI算法的决策过程往往不透明，可能导致"黑箱"问题。在电子商务领域，这可能表现为"大数据杀熟"，即基于用户的消费习惯和支付能力进行价格歧视，这种做法引发了用户对公平的质疑。

③ 用户自主权方面，AI可能会过度影响用户的购买决策，限制用户的选择自

由。例如，通过智能推荐系统不断推送特定类型的商品，可能会形成信息茧房，限制用户接触到更广泛的商品信息。

④ 深度伪造技术方面，在电子商务领域，深度伪造技术可能被用于制作虚假的商品宣传视频或图片，误导用户，损害用户权益。

⑤ 责任归属，当 AI 系统在电子商务服务中出现问题时，责任归属可能不明确。例如，如果 AI 客服提供错误信息导致用户损失，责任应由谁承担并未明确。

随着 AI 的发展，现有的法律法规可能不足以应对新的伦理挑战。因此，政府需要不断更新法律体系，加强对 AI 的监管，并且需要制定和执行相应的伦理原则和规范，确保技术的健康发展。同时，鉴于 AI 的跨国性和全球性，国际合作和标准制定对解决 AI 伦理问题也是至关重要的。作为电子商务从业者，充分考虑伦理问题至关重要，这有助于建立信任、维护品牌形象，并促进整个行业的健康发展。

创新驱动

DeepSeek：横空出世的中国 AI 新势力

DeepSeek 横空出世，震撼全球

在科技发展的漫漫长河中，每一次重大突破都宛如一颗璀璨的新星，照亮人类前行的道路，而 2025 年 1 月，杭州深度求索人工智能基础技术研究有限公司（DeepSeek）发布的 AI 推理模型（如图 4-15 所示），无疑是这样一颗耀眼的新星，它以破竹之势，在全球范围内掀起了一场惊涛骇浪，尤其让自认为在 AI 领域独占鳌头的美国科技界感受到了前所未有的震撼与冲击。

deepseek
探索未至之境

图 4-15 DeepSeek AI 推理模型

1 月 27 日，美股市场风云突变，宛如一场暴风雨突然来袭。纳斯达克指数如同断了线的风筝，急速下跌 3.07%，标普 500 指数也未能幸免，跌幅达到 1.46%。在这一片惨淡之中，美股热门科网股更是表现不佳，ChatGPT 概念股下跌 5.18%，美股半导体股下跌 13.98%，美股燃料电池股下跌 19.85%。英伟达、博通等芯片股也受到重挫，英伟达下跌 16.86%，市值蒸发近 5000 亿美元，博通下跌 17.40%，台积

电下跌 13.33%。这些曾经在科技领域呼风唤雨的巨头们，市值瞬间大幅缩水，而引发这一切的导火索，正是 DeepSeek 推出的新模型。

这一模型究竟有着怎样的魔力，能让美国科技股和能源股的市值一度蒸发 1 万亿美元呢？原来，DeepSeek 推出的模型以极低的成本实现了与 OpenAI o1 相当的性能，这一消息如同重磅炸弹，在市场上掀起轩然大波。人们开始质疑，那些美国科技巨头们投入巨额资金建设 AI 基础设施是否明智？在追求 AI 技术的道路上，难道巨额投入和强大算力并非唯一的成功之道？

DeepSeek 的创新与突破

DeepSeek 宛如一位独辟蹊径的探险家，在 AI 技术的探索之旅中，走出了一条与众不同的道路。它在开发推理模型时，专注于通过独特的算法和架构创新，实现性能的飞跃，而不是盲目地依赖巨大算力。

从算法层面来看，DeepSeek 采用了自主研发的动态路由算法。传统的 AI 模型在运行时，对所有任务都一视同仁，激活所有参数，这无疑造成了大量计算资源的浪费，降低了效率。而 DeepSeek 的动态路由算法，则能够根据输入数据的特点，灵活地动态选择激活部分参数。例如，在处理简单的文本分类任务时，它可以迅速判断出只需要调用模型中与文本分类相关的参数模块，而无需动用全部参数，大大降低了计算成本，提高了模型的运行效率。

在模型架构上，DeepSeek 大胆地抛弃了传统的 Transformer 架构，采用了全新的混合专家（MoE）架构。这种架构下，模型如同一个分工明确的团队，由多个专家模块组成，每个专家模块都专注于处理不同类型的任务。通过这种创新的架构设计，极大地提高了模型的泛化能力和性能，降低了 60% 的推理成本，让中小机构也能够负担得起 AI 部署的成本，推动了 AI 技术的普及。

政策与资金支持

中国科技的崛起，绝非偶然，背后有着强大的政策支持和资金投入作为坚实后盾。近年来，中国政府以前瞻性的战略眼光，将科技创新置于国家发展的核心位置，出台了一系列强有力的政策措施，为科技企业的发展保驾护航。

在 AI 领域的资金投入方面，国家设立了专项基金，鼓励企业和科研机构开展基础研究和应用开发，为 AI 技术的原始创新提供了资金保障。各地政府也纷纷响应，设立地方科技专项资金，对 AI 企业给予补贴、税收优惠等支持。例如，一些地方政府对新成立的 AI 企业，给予前三年免征企业所得税的优惠政策，极大地减轻了企业的负担，让企业能够将更多资金投入到研发中。

这些政策和资金的支持，如同一场及时雨，为科技企业提供了良好的发展环境，激发了企业的创新活力，让中国科技在全球竞争中得以迅速崛起。

庞大的市场与人才优势

中国拥有庞大的国内市场，这是中国科技发展得天独厚的优势。14 亿多人口，超 4 亿中等收入群体，形成了一个规模巨大、需求多样的市场。在 AI 领域，这种市场优势体现得淋漓尽致。以语音识别技术为例，中国众多的智能语音助手用户，为语音识别技术的发展提供了丰富的应用场景和海量的数据。企业可以根据用户的反馈，不断优化算法，提高语音识别的准确率和智能化水平。

丰富的人才资源也是中国科技发展的重要支撑。中国高度重视教育，培养了大量高素质的科技人才。2021 年，中国研发人员总量为 562 万人年，稳居世界首位。在 AI 领域，大量的专业人才投身其中，从高校的科研团队，到企业的研发部门，都有他们忙碌的身影。他们凭借扎实的专业知识和不懈的努力，为中国 AI 技术的发展贡献着自己的力量。许多高校开设了 AI 相关专业，每年培养出大批专业人才，为行业输送新鲜血液。这些人才在各自的岗位上，不断探索创新，推动中国 AI 技术在全球竞争中占据一席之地。

（文字来源：自媒体"少荣科技君"）

【演练与致用】

新技术正在不断为我们的生活和工作提供便利，AIGC 作为新技术中的代表，为商业创作提供了颠覆性的助力。下面通过实训来进一步感受一下生成式 AI 的魅力吧。

实训任务

请登录即梦 AI 或可灵 AI 等 AIGC 平台，通过适当的引导语生成一张以"登上月球的第一瓶矿泉水"为主题的广告概念图。

实训步骤

1. 平台注册与工具认知，登录即梦 AI 或可灵 AI 平台，了解平台的基本功能。

2. 输入"登上月球的第一瓶矿泉水"广告概念图相关引导语，如"宇航员在月球捧起第一瓶矿泉水，突出产品独特性"。

3. 调整参数生成图片，修改引导语生成 2～3 个版本，记录每次调整对输出结果的影响。

4. 小组讨论图片效果，总结优缺点。

5. 每组派代表展示成果，分享生成过程与经验。

【讲给电商人听的商道精神】

徽商

徽商，作为中国古代四大商帮之一，起源于徽州（今黄山市）。他们秉持"贾而好儒""以义为利"的核心精神，将诚信、创新、合作与社会责任融入商业经营之中。徽商凭借"徽骆驼"般坚韧不拔的毅力，在逆境中开拓市场，商业版图遍布全国，甚至远及海外。清代徽商鲍志道便是其中的典型代表，他从盐业学徒做起，凭借自身努力成长为两淮盐务总商。在取得商业成就后，鲍志道慷慨解囊，捐出两千万两赈灾助饷，尽显徽商"达则兼济天下"的家国情怀。

时光流转至现代，在安徽这片充满创新活力的土地上，科大讯飞成为了徽商精神的杰出传承者，完美演绎了传统智慧与科技创新的深度交融。1999年，中国科学技术大学的十几名怀揣梦想的学生，怀着"中国人的语音技术必须由中国人自己掌握"的坚定使命，创立了科大讯飞的前身——安徽硅谷天音科技信息有限公司。这一创业初心，与徽商"敢为人先"的创新精神如出一辙。

科大讯飞始终坚守"顶天立地"的战略方针。所谓"顶天"，即致力于核心技术的研发，使其达到国际领先水平，为国家战略需求提供有力支撑。例如，科大讯飞的智能语音技术成功打破国外长期垄断，研发出全球首个多语种语音合成系统，彰显了中国科技的实力。而"立地"则体现在积极推动技术的产业化应用，让科技成果惠及大众生活。像智能语音翻译机、教育AI产品等，已覆盖全国数千万学生，为促进教育公平贡献了重要力量。

科大讯飞的商业智慧与徽商基因高度契合。在创新精神方面，徽商在历史上就通过产品创新（如徽墨、茶叶）和制度创新（股份制、经理制）等方式占据市场优势。科大讯飞同样通过持续的研发投入，在人工智能领域不断实现技术突破，其认知大模型连续多年在全球保持领先地位，成为国家新一代人工智能创新发展试验区的核心企业。

诚信与契约精神也是科大讯飞和徽商的共通之处。徽商胡雪岩以"戒欺"匾额时刻警示员工"药业关系性命，不可欺人"。科大讯飞则通过技术透明化和数据安全承诺，赢得用户的信任。例如，其语音识别准确率进行公开测试，以确保技术的可靠性。

在家国情怀上，徽商鲍漱芳积极赈灾济困、修桥筑路，回馈社会。科大讯飞则通过"AI教育公益计划"，将关爱延伸至偏远地区学校，捐赠智能设备超10万台，惠及百万学生，以实际行动践行社会责任。

在电子商务时代，科大讯飞同样展现出徽商智慧。在企业端，科大讯飞为电子商务平台提供智能客服系统，有效解决高峰期咨询问题，极大提升了用户体验。在客户端，科大讯飞推出智能录音笔、翻译机等产品，借助电子商务渠道直接触达用户，年销售额超百亿元。同时，利用AI分析用户行为，优化供应链管理，实现精准营销，这与徽商"审时度势"的经营哲学不谋而合。

科大讯飞的成功案例，为电子商务专业学生带来诸多启示。它表明传统精神依然是现代商业可持续发展的根基，技术驱动能够帮助企业构建差异化竞争优势，避免陷入同质化竞争。此外，企业应兼顾经济效益与社会效益，如科大讯飞通过教育公益实现品牌价值的提升。

第五章

商道酬信：
电子商务诚与法

🔒 **目标导览**

- **知识目标**
  - 了解各主流电子商务平台的信用评价制度及作用
  - 掌握电子商务立法的背景、发展历程及其在数字经济中的重要性
  - 了解《电子商务法》的主要内容及作用
- **能力目标**
  - 能够准确判断各平台经营者的信用情况
  - 能够举例说明常见的失信行为
  - 能够初步辨别违反《电子商务法》的行为
- **素养目标**
  - 培养学生懂法、守法的法律意识
  - 培养学生诚信、敬业的职业态度

知识导图

诚信保障电子商务健康发展
- 电子商务信用评价制度
- 电子商务信用标准规范
- 电子商务经营者诚信自律

商道酬信：电子商务诚与法

法律护航电子商务规范发展
- 电子商务立法概况
- 《电子商务法》概述

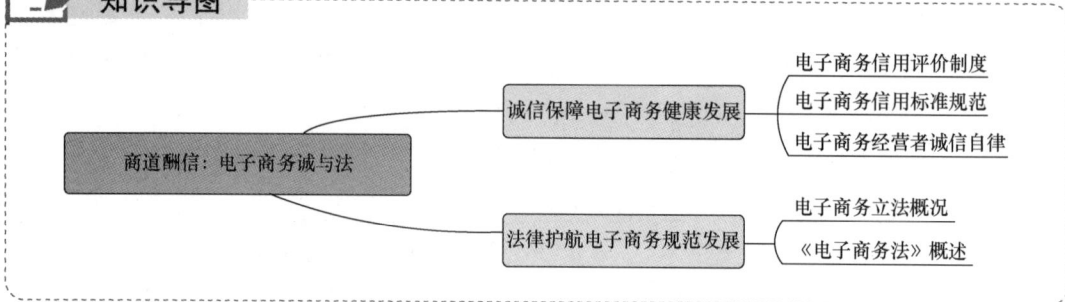

第一节 诚信保障电子商务健康发展

【探索与叩问】

在山东枣庄，40 岁农民张某经营的"某某土产坊"成为当地电子商务标杆。张某深知，诚信是电子商务的立足之本。

面对消费者反馈菜煎饼专用饼口感偏硬的问题，张某连夜驱车 200 千米向老匠人请教，自费升级包装增加湿度锁鲜功能。每批酱料发货前，他坚持自费送检并随箱附赠质检报告，甚至公开晾晒场监控供消费者监督制作过程。

信用评价体系成为张某的品质指南针。2023 年他因物流延迟主动补偿 2 万元，却换来 80% 的复购率。在电子商务平台规则之外，他建立"三重诚信机制"：原材料溯源直播、瑕疵品双倍赔付、商品成分透明公示。当同行用香精勾兑葛根茶时，他坚持古法晾晒导致成本高出 30%，却因此获得中医院批量采购订单。

张某的实践印证：诚信不是成本而是资本。他总结出"诚信经营三准则"——品质把控宁严不松（原料淘汰率达 15%）、售后服务宁亏不赖（设立 5% 售后预备金）、沟通承诺宁实不虚（商品详情页标注精确到克的营养成分）。这些准则使店铺连续 24 个月保持 4.9 分以上评分，更带动周边 43 户农户建立诚信生产联盟。

"信用评价"在张某的电子商务之路起到了什么作用？作为电子商务从业者，我们怎么做到诚信经营？

一、电子商务信用评价制度

（一）电子商务信用的概念

电子商务信用通常是指在电子商务活动中，交易主体（包括商家、消费者、平台等）之间基于网络环境，在商品交易、服务提供等过程中所形成的相互信任的关系及对这种信任关系的客观评价和量化体现。

目前，主要从诚信度、履约度、合规度等方面来评价主体的信用程度，除了电子商务经营者的本身资质外，还包括消费者对所购买商品的质量优劣、服务体验的评价。

（二）电子商务信用评价制度及其作用

由于电子商务交易活动主要发生在线上，并非面对面发生交易，交易参与者无法直观地了解各交易主体的信用情况，因此，信用评价的重要性及作用日益凸显。大部分的消费者在购买商品或服务的过程中，需要参考平台内经营者的信用评价情况，最终再做出是否购买的决定。既然消费者需要借助信用评价来对平台内经营者进行评估，那么平台经营者应当建立客观、中立的信用评价制度。

《中华人民共和国电子商务法》（以下简称《电子商务法》）第三十九条规定：“电子商务平台经营者应当建立健全信用评价制度，公示信用评价规则，为消费者提供对平台内销售的商品或者提供的服务进行评价的途径。”此条强调推进电子商务诚信体系建设，建立电子商务信用评价制度，保障消费者的评价权利。这不仅能满足电子商务市场声誉机制长期稳定的需求，也是我国落实社会信用体系建设的重要保障。

目前，京东、淘宝等电子商务平台都有一套完整的信用评价体系。京东以“星级排名率”为基础对店铺进行星级划分，以考查店铺的合规经营情况。京东通过对店铺的用户评价、物流履约、售后服务、客服咨询及交易纠纷等 5 个维度进行综合评估，根据总得分在所处行业中的排名进行星级认证，如图 5-1 所示。消费者可以查看店铺星级及违规情况，如图 5-2 所示。

店铺星级	星级排名率
5.0★	达到五星店铺认证要求
4.9★	≥90%
4.8★	≥80%
4.7★	≥70%
4.6★	≥60%
4.5★	≥50%
4.4★	≥45%
4.3★	≥40%
4.2★	≥35%
4.1★	≥30%
4.0★	≥25%
3.5★	≥5%
3.0★	<5%
2.5★	近期存在严重违规行为

图 5–1　京东的店铺信用评价等级表

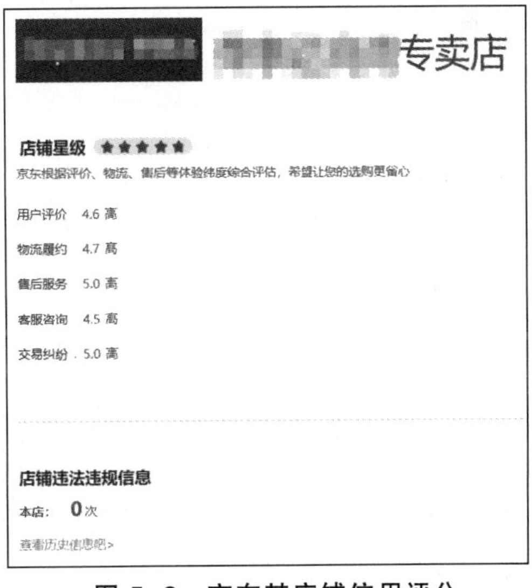

图 5–2　京东某店铺信用评分

淘宝则采用信用积分及店铺动态评分来对店铺进行信用评价。

淘宝会员（消费者）在淘宝每使用支付宝成功交易一次，就可以对交易对象（店铺）做一次信用评价。评价分为"好评""中评""差评"3 种，具体为"好评"加 1 分、"中评"不加分、"差评"扣 1 分。根据信用积分，店铺的信用度可以分为 20 个级别，如图 5-3 所示。

在淘宝平台，店铺动态评分（DSR）是衡量店铺服务的关键指标。交易完成 15 天内，消费者可从描述相符、物流服务、服务态度这 3 个维度，用五星制对店铺打分。1 分代表非常不满，5 分则为非常满意。这 3 项评分取连续 6 个月内所有消费者评分的算术平均值。店铺动态评分会展示在店铺首页。高 DSR 评分能提升店铺权重，助力商品搜索排名，也是参与促销活动的门槛，更能增强消费者信任，促进订单成交。淘宝店铺介绍及店铺动态评分都会在商品详情页中显示，如图 5-4 所示。

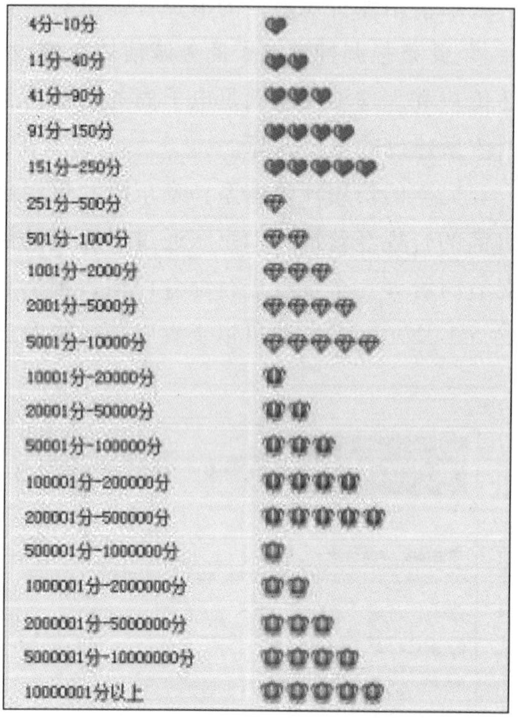

图 5-3　淘宝店铺信用度等级表

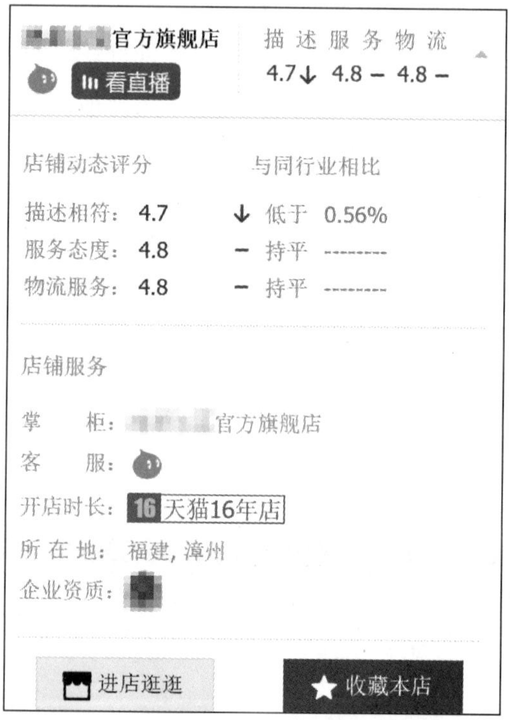

图 5-4　淘宝店铺介绍及店铺动态评分

二、电子商务信用标准规范

（一）已发布的电子商务信用相关国家标准

自 2013 年起，国家陆续发布电子商务信用相关国家标准（如图 5-5 所示），截至 2025 年 2 月已经发布的主要标准如表 5-1 所示，基本形成了电子商务信用标准体系。

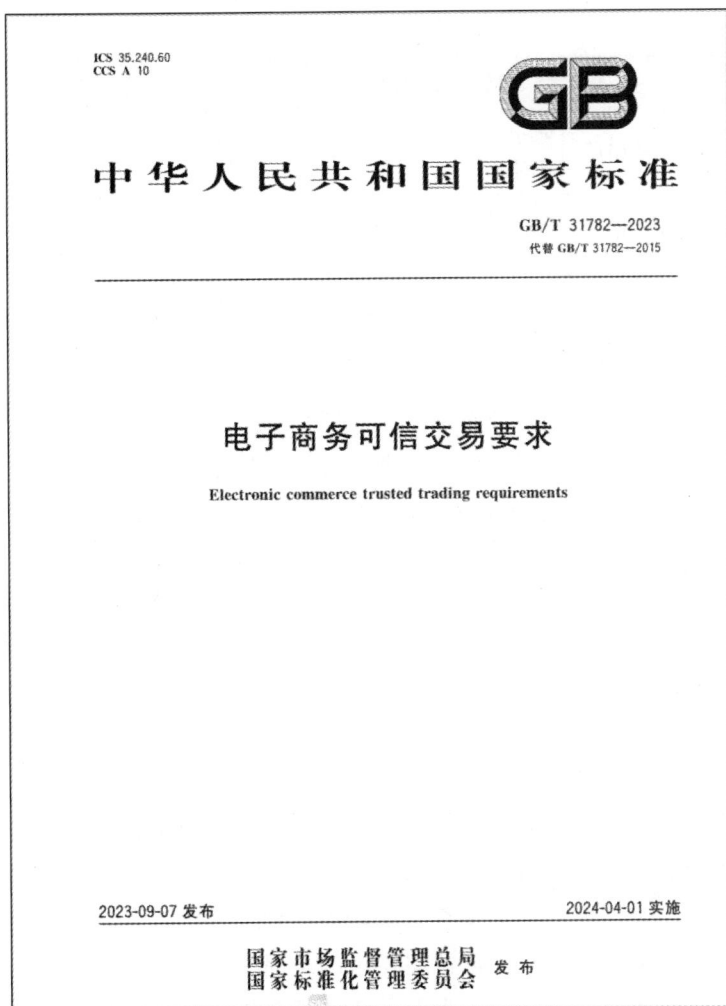

ICS 35.240.60
CCS A 10

中华人民共和国国家标准

GB/T 31782—2023
代替 GB/T 31782—2015

电子商务可信交易要求

Electronic commerce trusted trading requirements

2023-09-07 发布   2024-04-01 实施

国家市场监督管理总局
国家标准化管理委员会   发 布

图 5-5　国家标准封面

表 5-1　电子商务信用相关国家标准

序号	标准编号	标准名称	实施时间
1	GB/T 31782—2023	电子商务可信交易要求	2024-04-01
2	GB/T 40477—2021	电子商务信用 网络零售信用基本要求 服务产品提供	2022-03-01
3	GB/T 40476—2021	电子商务信用 网络零售信用基本要求 数字产品零售	2022-03-01
4	GB/T 36304—2018	电子商务信用 第三方网络零售平台信用管理体系要求	2018-10-01
5	GB/T 36302—2018	电子商务信用 自营型网络零售平台信用管理体系要求	2018-10-01

续表

序号	标准编号	标准名称	实施时间
6	GB/T 34827—2017	电子商务信用 第三方网络零售平台交易纠纷处理通则	2018-02-01
7	GB/T 34057—2017	电子商务信用 网络零售信用基本要求 消费品零售	2018-02-01
8	GB/T 34058—2017	电子商务信用 B2B 网络交易卖方信用评价指标	2018-02-01
9	GB/T 34056—2017	电子商务信用 网络零售信用评价指标体系	2017-11-01
10	GB/T 33717—2017	电子商务信用 B2B 第三方交易平台信用规范	2017-12-01
11	GB/T 31951—2015	电子商务信用 网络交易信用主体分类	2016-01-01
12	GB/T 29622—2013	电子商务信用 卖方交易信用信息披露规范	2013-11-30

（二）信用标准制定的意义

信用标准的制定能为市场提供统一的指标，在为电子商务信用提供技术支撑的同时，也降低了沟通成本。

（1）《电子商务信用 网络零售信用基本要求 消费品零售》（GB/T 34057—2017）

该标准的编写吸取了电子商务消费者信任和网购风险相关的成熟理论和实践，按照自营型网络零售交易全过程提出安全、诚信经营和隐私保护等 3 个方面的基础要求。这既是建立消费者对网站信任的主要要素，也是消费者网购风险点的主要分散范围。该标准的发布和实施，能够为广大新兴自营型零售网站建立诚信体系、降低电子商务市场竞争的信用门槛提供参考规范，也能够为电子商务第三方信用评价提供统一标准。

（2）《电子商务信用 网络零售信用评价指标体系》（GB/T 34056—2017）

该标准是针对面向消费者的电子商务模式制定的信用评价标准。此标准将评价指标分为两个层级：第一层是评价指标的分类，第二层是具体内容所占的评分权重。这构成了一个翔实的具有可操作性的评分方法。评价指标包含以下几点：其一，经营合法性；其二，经营状况；其三，信息披露；其四，产品质量；其五，配套服务；其六，综合评价和站外评价。

三、电子商务经营者诚信自律

根据《电子商务法》对电子商务主体的划分，电子商务经营者分为电子商务平台经营者、平台内经营者及其他电子商务经营者。作为电子商务活动的重要主体，电子商务经营者应该诚信自律，共同维护行业发展。

（一）常见失信行为

（1）虚假交易刷信誉

商家雇佣"刷手"派单，整个过程完全模拟真实消费者的行为，包括出入店铺、浏览和对比商品及与客服的对话等，然后通过"拍 A 发 B"、"寄空包"等方式来完成物流的闭环。"刷手"完成任务即获得几元到几十元不等的佣金。有的商家还会通过赠送小礼物，邀请消费者参与"活动"，让他们浏览并购买某新上架商品，待消费者下单后退回下单款项，实际发出的包裹只是一些小礼物，消费者收到礼物后进行好评还可以获得红包返现。这些都是失信行为，情节严重的有可能触犯相关法律法规。

（2）制假售假

当前线上仍流通着不少假名牌，模仿得十分逼真，提供的防伪码、代购小票等无从查验，制假售假的灰色产业链仍需打击。有些商家明知是假货还继续销售，严重扰乱电子商务市场秩序。

（3）虚假宣传

夸大商品功效，设置促销套路等虚假宣传行为也是常见的失信行为。有些商家打着大促的旗号，但在平台补贴的情况下，商品价格比平时下单还贵，存在欺骗消费者的嫌疑。

（4）信息泄露

有些商家违背为消费者信息保密的承诺，用消费者的交易信息来交换经济利益、进行品牌推销、散播垃圾短信等；有些商家出售信息给黑客，黑客便会入侵信用等级高的消费者或商家账户进行攻击甚至转移资金，造成更大的损失。

（二）诚信自律举措

（1）平台经营者诚信自律举措

第一，完善平台准入、商品抽检、商品溯源等平台规则，对平台销售商品质量进行监管，谨防售假。

第二，通过法治规范、技术支撑、信用监督等手段，加强信息安全管理，使用反刷单系统来精准识别商家刷单"炒信"行为，及时对违规商家做出处罚。

第三，加强内部反腐败建设，成立专门反腐败部门，支持反腐败举报，避免平台员工与商家背公营私。

第四，积极培育诚信文化。深化教育引导，让网络诚信意识入脑入心；强化实践养成，使诚实守信成为自觉行为。

（2）非平台经营者诚信自律举措

作为平台内商家或者自建平台等商家可以从杜绝"炒信"、保障商品质量、正当竞争、保护消费者信息等方面进行诚信建设，在消费者心中树立尊崇道德、遵守法律、履行契约、恪守承诺的诚信企业形象，只有这样才能站稳市场，发展壮大。

创新驱动

中国网络诚信大会由国家互联网信息办公室、商务部、国家市场监督管理总局指导，中国网络社会组织联合会与中国互联网发展基金会联合主办，每年举办一次，旨在凸显网络诚信理念，加强互联网行业自律，营造依法诚信用网的网络环境。

2018 年首届大会以"网络诚信 美好生活"为主题在北京召开，发布《中国电子商务诚信发展报告》，总结互联网失信问题并提出应对措施，开启网络诚信建设交流先河。

2019 年大会主题为"网聚诚信力量 共创信用中国"，发布年度网络诚信十大新闻；启动"平台经济领域信用建设合作机制"，规范平台经济秩序；发布《西安倡议》，倡导践行诚信理念；签署《共同抵制网络谣言承诺书》，抵制网络谣言。

2020 年大会以"守信互信 共践共行——携手推进网络诚信建设"为主题，首次发布《中国网络诚信发展报告》，梳理网络诚信建设进程；评选年度十大新闻，聚焦网络直播、"大数据杀熟"等热点。

2021 年大会主题是"诚聚力量 信赢发展——共建网络诚信新时代"，发布《直播短视频电商产业信用生态解决方案》，助力电商新业态诚信发展。

2022 年在原中国网络诚信大会基础上升级打造的网络诚信盛会——中国网络文明大会网络诚信建设高峰论坛在天津举行，以"诚筑文明、信助发展——携手共建网络诚信"为主题，发布 2021 年度中国网络诚信十件大事，梳理重大事件；发布《中国网络诚信发展报告 2022》，多维度呈现建设情况。

2023 年中国网络文明大会网络诚信建设高峰论坛在厦门举办，主题为"网聚诚信力量 共享美好生活"，发布《互联网平台企业履行社会责任评估报告 2023》《中国网络诚信发展报告 2023》，还发布"2022 年中国网络诚信十件大事"，并表彰 12 家履行社会责任的典型案例企业。

2024 年中国网络文明大会网络诚信分论坛于 8 月 29 日上午在四川举行，主题为"弘扬诚信文化 共筑清朗网络"。会上发布的《中国网络诚信发展报告 2024》显示，网络强国战略目标实施 10 年来，我国网络诚信建设成效显著，2023 年 75.98% 的网民认为网络诚信状况改善，较 2022 年提升 2.98 个百分点，报告还回应了未成年人网络保护等社会热点。

> **行业洞察**
>
> ## 诚信：京东集团血液里的 DNA
>
> 　　在湖南省长沙市举办的 2021 年中国网络诚信大会电子商务诚信建设分论坛上，京东集团代表以"澎湃向善力量　坚守诚信高地"为题发表主题演讲，京东集团将从供应链与商品准入、内控合规管理、信息安全管理、反贪污、反"炒信"、打击黑灰产等方面加强电子商务诚信建设。
>
> 　　诚信作为京东集团的核心价值观之一，是京东集团血液里的 DNA。京东集团表示将从 6 个方面加强电子商务诚信建设。
>
> 　　一是供应链与商品准入方面。京东集团会严格进行资质审核，企业必须满足注册资金额度、年限等条件才能入驻。同时，京东集团还会对商品进行抽检、运用新技术对商品进行溯源。
>
> 　　二是内控合规管理方面。京东集团通过全体员工、专业团队、独立监察和审计团队这 4 道防线，从法律监管合规、反腐廉洁合规、信息安全合规、审计合规、交易风险合规这五大维度入手进行管理。
>
> 　　三是信息安全管理方面。京东集团内部成立安全与风控委员会、信息安全部。2019 年，京东集团通过 ISO27001 信息安全管理体系认证。2020 年，京东集团通过 ISO27701 隐私信息安全管理体系认证。京东集团内部设立信息接触者保密协议，建立客服工作隐私合规制度、客户信息核对标准等流程制度。
>
> 　　四是反贪污方面。京东集团内部成立腐败举报中心，全面收集各类信息，不定期通过内网发布内部反腐公告，定期举办反腐败培训。在京东集团外部，2017 年由京东集团倡议并联合腾讯、百度等企业共同发起了阳光诚信联盟。
>
> 　　五是反"炒信"方面。京东集团内部的反"炒信"专家团队通过反刷单系统来精准识别商家的刷单"炒信"行为。京东集团作为反"炒信"联盟轮值主席，开展了信息共享、商家信用评价、信息追溯、服务标准明示等政企合作，已共享"炒信"黑名单 5 批。
>
> 　　六是打击黑灰产方面。2019 年，京东集团成立实验室，研发专门的黑灰产监测系统。2021 年上半年，京东集团已阻断上万次团伙套利，向公安机关提供大量黑灰产团伙打击线索。
>
> 　　【资料来源：新华社客户端（有改动）】

【演练与致用】

　　为了进一步了解信用评价制度，下面通过实训来了解电子商务平台的信用评价体系。

实训任务

1. 进入淘宝网首页，单击"帮助中心—商家客服"，如图 5-6 所示，进入商家服务大厅，如图 5-7 所示，了解淘宝网信用评价体系，完成表 5-2。

图 5-6　商家服务大厅入口

图 5-7　商家服务大厅页面

表 5-2　淘宝网信用评价表

序号	问题	链接	答案（简述）
1	怎么查看店铺的信用积分、信用等级和店铺动态评分？		
2	淘宝网信用评价计分规则是什么？		
3	店铺信用等级、店铺动态评分有什么作用？		
4	商家如何提升店铺信用等级？		

2. 查看淘宝网内店铺的信用评价，并分别指出其含义，完成表 5-3。

表 5-3 淘宝网信用评价含义

标志	序号	含义
	①	
	②	

实训步骤

1. 个人登录淘宝网，进入"商家服务大厅"，根据任务要求查询问题，获取问题答案。

2. 填写表 5-2、表 5-3。

3. 3～5 人一组，组内互评，每人根据任务完成情况给小组其他成员评分，以平均分为本次作业评分。

第二节 法律护航电子商务规范发展

【探索与叩问】

某市税务部门经税收大数据分析发现网络主播黄某涉嫌偷逃税款，经查，黄某在2019 年至 2020 年，通过隐匿个人收入、虚构业务转换收入性质、虚假申报等方式偷逃税款 6.43 亿元，其他少缴税款 0.6 亿元。依据《中华人民共和国个人所得税法》（以下简称《个人所得税法》)《中华人民共和国税收征收管理法》《中华人民共和国行政处罚法》等相关法律法规规定，对黄某追缴税款、加收滞纳金并处罚款，共计 13.41 亿元。处罚决定一出，黄某在各平台的账号皆被封禁，人气一落千丈，不少粉丝纷纷表示可惜。

在从事电子商务活动时，我们要了解相关法律法规，以及这些法律法规是如何保障电子商务各方主体的合法权益，并促进电子商务持续稳定健康发展的。

【初探与感知】

随着电子商务的发展，直播、线上培训等新业态陆续涌现，这些新业态在更好满足消费者需求、促进新旧动能转换、推动经济高质量发展等方面发挥了积极作用。在电子商务产业快速发展过程中，部分从业人员的违法行为扰乱了市场秩序，破坏了公平竞争的市场环境。电子商务相关法规可以激发电子商务发展创新的行动力、新动能，解决电子商务发展中的突出矛盾和问题，建立开放、规范、诚信、安全的电子商务发展环境，实现经济提质增效升级。

一、电子商务立法概况

中华人民共和国主席令（第七号）公布《电子商务法》已由中华人民共和国第十三届全国人民代表大会常务委员会第五次会议于 2018 年 8 月 31 日通过。2019 年 1 月 1 日起，《电子商务法》正式施行。

除了《电子商务法》外，在电子商务行业发展的过程中，由于存在买家、卖家、市场等主体，《中华人民共和国企业所得税法》（以下简称《企业所得税法》）、《中华人民共和国反不正当竞争法》（以下简称《反不正当竞争法》）、《中华人民共和国消费者权益保护法》（以下简称《消费者权益保护法》）等法律法规同样也适用。

《电子商务法》与其他相关法律法规组成了保障电子商务行业稳定发展的法律体系，相关的法律法规如表 5-4 所示。

表 5-4　电子商务行业相关法律法规（部分）

序号	法律法规
1	《电子商务法》
2	《企业所得税法》
3	《中华人民共和国行政许可法》
4	《中华人民共和国民法典》
5	《消费者权益保护法》
6	《中华人民共和国网络安全法》
7	《中华人民共和国广告法》
8	《反不正当竞争法》

注：《中华人民共和国民法典》后简称《民法典》。

创新驱动

　　《电子商务法》在全国人大常委会上经历了四次审议、三次向社会公开征求意见。根据立法法，我国的法律在立法过程中一般只需经过三审，那么为何电子商务法的立法过程更为漫长？因为电子商务法和其他法律相比很复杂，涉及面广、规模大，而且作为新生事物，其发展日新月异。在这种情况下，立法机关起草过程比较慎重。

　　这次立法体现了科学立法、民主立法的特点。据介绍，从起草开始，行业协会、专家学者及地方的电子商务示范城市等就参与其中，后来草案又三次公开征求意见，从而充分调动了社会各方的积极性。

　　以立法中关于"工商登记"的修改为例，该条从草稿、调研，一直到第四次审议都存在多种意见。起初包括国务院有关部门等的意见主张全部登记，但电商平台和一些经营者认为，在一些情况下工商登记没有必要。通过充分听取意见，最后在修改中逐渐地把登记作为一般原则，并用"但书"来排除特定情形，直至三审时还加了"零星小额交易活动"也不需要办登记，"这是立法经过逐步完善的过程。"

　　《电子商务法》的制定出台，先后经过四次审议，其间广泛征求各方意见，充分调研论证，主要制度安排日趋完善，兼顾了公平公正和现实可行，贯彻了科学立法、民主立法、依法立法的立法要求，体现了以良法促进发展、保障善治的立法意图。

　　[资料来源：环球网（有改动）]

二、《电子商务法》概述

　　《电子商务法》全文分为七个章节，分别为：总则、电子商务经营者、电子商务合同的订立与履行、电子商务争议解决、电子商务促进、法律责任、附则。目前，该法所规范的商务行为中，大部分涉及电子商务经营者的责任和义务、电子商务合同的订立和履行及电子商务争议解决。

（一）电子商务经营者的责任和义务

　　《电子商务法》要求电子商务经营者应当依法办理市场主体登记并依法履行纳税义务，其又根据电子商务从业者的特殊性，很多参与电子商务经营活动的自然人属于兼职和偶然经营，因此在特定情形下可以豁免登记。而纳税则遵循线上线下平等对待的原则，要求所有电子商务经营者都应依法缴纳税款，涉及的法律包括《企业所得税法》及《个人所得税法》。

电子商务经营者应依据《中华人民共和国行政许可法》等取得相应行政许可，并提供购物凭证（发票），保障消费者的合法权益，不得销售法律、行政法规禁止交易的商品或者服务。电子商务经营者要全面、真实、准确、及时地披露商品信息，也就是说杜绝虚假宣传、编造消费者评价、虚构交易等行为，禁止"大数据杀熟"及商品搭售行为。

协作探究

刷单"炒信"案例

季某某经营的某品牌平板电脑的宣传参数是屏幕 12 英寸、电池容量 15000mAh、前摄像头 1600 万像素、后摄像头 3200 万像素；但实际参数是屏幕 10 英寸、电池容量 5000mAh、前摄像头 200 万像素、后摄像头 500 万像素。商品上架后，季某某组织熟人刷单虚假提高销售量。调查发现，季某某的进货单据和订单明细显示，其实际进货量、销售量、销售额与其店铺显示的销售量"1.5 万+"严重不符。经调查，季某某承认其在平台的销售数量是通过刷单实现的。季某某组织员工及亲友帮忙下单，发货仅发送空包，待流程结束后通过其他渠道给他们退款，另外再给 20 元/单的刷单佣金。

季某某对其商品的销售状况进行虚假商业宣传，利用刷单提高销量、好评率及搜索排名，以此欺骗误导消费者。其行为违反了《电子商务法》及《反不正当竞争法》的规定，依据法规责令其停止违法行为，处罚款 5 万元。

（二）电子商务合同的订立和履行

《电子商务法》对电子商务合同的法律适用问题做出了原则性和指向性的规定，其适用的法律法规包括《民法典》《中华人民共和国电子签名法》《电子合同在线订立流程规范》《消费者权益保护法》等。《电子商务法》在电子商务合同的效力和推定、电子商务合同的订立和成立、快递物流、电子支付等方面进行了明确的界定，为电子商务交易行为提供了保障。例如，近年来发生的未成年人利用其家长的账号或者家长的网上支付信息巨额打赏主播，家长一旦发现往往要求游戏经营者返还款项。到底谁该为此类事件负责？《电子商务法》对此做了界定：在电子商务中推定当事人具有相应的民事行为能力。但是，有相反证据足以推翻的除外。也就是说除非当事人能充分证明行为人为未成年人，否则交易行为视为有效，款项不予退还。这一界定既维护了交易的稳定，也保护了消费者的权益。

协作探究

合同纠纷案例

邓某某于郑某某的淘宝店铺咨询商品——河豚鱼干，邓某某问："你这款河豚鱼干是野生的吗？"客服答："是的。"于是邓某某马上下单购买了100斤，支付货款6400元。邓某某收货后，认为其不是野生河豚鱼干，要求郑某某退回货款6400元，并支付10倍赔偿金。协商不成后，邓某某向法院起诉。

法院一审认为，当事人订立、履行合同不得违反法律、行政法规的强制性规定。根据《电子商务法》《食品安全法》《民法典》等法律法规，认定双方所订立的合同标的为野生河豚鱼干，此为禁止加工经营的物品，因此，所订立的网络购物合同应属无效，邓某某要求郑某某支付10倍赔偿，无事实依据。一审判决郑某某向邓某某退回货款6400元，邓某某同时将100斤野生河豚鱼干退还郑某某。

（三）电子商务争议解决

《电子商务法》规定了电子商务产生的争议按照现有的争议解决体系来解决，包括协商和解、调解、投诉、仲裁及诉讼等。《电子商务法》对电子商务平台经营者提出了特殊要求：消费者在电子商务平台购买商品或接受服务，与平台内经营者发生争议时，电子商务平台经营者应当积极协助消费者维护合法权益。

协作探究

商品责任纠纷案例

戴某在某网上超市购买某进口大米，网页上附有进口身份证、中华人民共和国出入境检验检疫卫生证书及"东南亚好吃安全的进口香米""东南亚世界重要的稻米产区"等宣传信息。戴某确认收货后，看到商品包装标注产地为"广东深圳"。经查，本案戴某实际交易方为企业卖家，是该网上超市平台内经营者，在该网上超市平台能查到该卖家的营业执照。戴某以网上超市宣传进口香米与商品实际不符为由，向法院提起诉讼要求赔偿。

法院一审认为，本案的网上超市为电子商务平台提供方，不是本次买卖合同的交易相对方，也并非广告发布者。依据《电子商务法》《消费者权益保护法》等规定，戴某应该首先向销售者主张权利，只有在无法获取销售者的基本信息和有效联系方式的情况下，才能向电子商务交易平台方主张权利。《电子商务法》等法律法规为电子商务争议解决提供了有效依据。

行业洞察

电子商务平台利用技术手段守护法律

京东、阿里巴巴等电子商务平台为维护电子商务市场的正常秩序，多年来致力于反刷单、打击制假售假等工作。作为互联网企业，其背后有着强大的技术与数据支撑，技术手段成为了打假的一把利剑。

例如，京东的反刷单系统识别准确率已达99%以上。为了杜绝刷单问题，京东精心打造了"天网"系统。目前，该系统有效支撑了京东旗下的京东到家及海外购风控相关业务。

又如，阿里巴巴构建的一套打假模式，既包含智能识别和追踪系统、商品样本库和数据库、云计算等大数据技术手段，也包括账号认证溯源、神秘抽检等管理保障体系，以及与消费者、商家、权利人和政府部门等生态体系参与者的联动机制。

阿里巴巴安全部在内部被戏称为"神盾局"，是一支涵盖"安全技术、数据挖掘、专案打击、品牌合作、消费者保障、投诉受理、商家教育"等数十项重要职能的知识产权保护专业团队。这个部门里，有四分之一是技术人员。此外，这个部门还包括专案团队、情报团队、认证团队、大数据建模团队。还有遍布全球的线人（5400多名志愿者）和盟友组织（1000多个密切合作的权利人机构、7个质检机构和1个药检机构）。安全部与他们开展合作，建立了一套规范的神秘抽检机制，每年投入上亿元资金，用于假冒伪劣商品的发现、鉴定和检测。

【演练与致用】

为了更好地理解《电子商务法》的内涵与应用，下面我们将通过一系列实践体验来进一步学习《电子商务法》的条例。

实训任务

1. 查找《电子商务法》全文并阅读，提取关键字，制作思维导图。
2. 讨论表 5-5 中的案例分别适用《电子商务法》中的哪些条款，并填写该表。

表 5-5　案例简介及适用条例

案例序号	案例简介	适用条例
例	店铺商品上架后，店主组织熟人刷单虚假提高销售量，发货仅发送空包，待流程结束后通过其他渠道给他们退款，另外再给 20 元/单的刷单佣金	涉嫌违反《电子商务法》第十七条"电子商务经营者不得以虚构交易、编造用户评价等方式进行虚假或者引人误解的商业宣传，欺骗、误导消费者"的规定

案例序号	案例简介	适用条例
1	某出行科技有限公司修改网约车平台的交易规则，但在 App 首页位置并未公示、公开征求意见，或采取合理措施确保有关各方能够及时充分表达意见	
2	某科技公司经营的"某云购"购物平台 App 端中的商品页面均没有设置评价功能和展示页面，未能为消费者提供对平台内销售的商品或者服务进行评价的途径	

实训步骤

1. 登录搜索引擎，输入"电子商务法"关键字，查询《电子商务法》全文。

2. 使用思维导图工具，分章节提取关键字，制作思维导图。

3. 3～5 人一组，组内讨论 2 个案例分别适用的《电子商务法》条款，填表并展示成果。

【讲给电商人听的商道精神】

闽商

闽商，携带着海洋之子的气魄与冒险家的精神，在中国商业史的浩瀚星河中熠熠生辉。在群星之中，林绍良以其非凡的商业才华和深沉的家国情怀，成为一颗耀眼的星。林绍良，福建福州人，他的商业征途从小舟荡漾的港湾启程，乘风破浪至东南亚的繁华口岸。他以坚韧不拔的意志和敏锐的商业洞察力，构筑起一个跨越金融、地产、工业等领域的商业帝国。林绍良的故事，如同一部波澜壮阔的史诗，诉说着闽商的开拓精神和对桑梓的无限眷恋。

在现代闽商的群星之中，美团的创始人如同一颗冉冉升起的新星，照亮了电子商务的新天地。美团，一个综合性的电子商务平台，自 2010 年诞生于北京，承载着创始人的创业梦想与闽商文化的精髓。

在美团的发展历程中，每一步都凝聚着对闽商精神的现代诠释和创新实践。起初，它以团购模式作为市场切入点，以一种新颖而富有活力的方式迅速吸引了广泛的关注和参与。这种模式不仅为消费者带来了实实在在的优惠，也为商家开辟了新的客流和销售渠道，实现了双赢。

随着业务的不断扩展，美团逐渐将服务的触角延伸至生活的每一个角落。从舌尖上的美食到足尖下的旅途，从银幕前的电影到指尖上的信息，美团以其全方位的服务覆盖，满足了现代人快节奏生活中的各种需求。它如同一位细心的生活管家，为消费者精心打理着日常生活的点点滴滴。

技术创新是美团不断前进的动力。企业投入大量资源研发先进的算法和系统，优化消费者体验，提高服务效率。通过大数据分析，美团能够精准把握市场动态和消费者需求，为他们提供个性化和贴心的服务。同时，它还建立了一个强大的即时配送网络，无论是风雨交加还是夜幕降临，都能确保消费者的每一单需求得到及时满足。

美团的成功，也得益于其对社会责任的深刻理解和积极履行。其通过平台赋能中小商家，帮助中小商家实现数字化转型，提升经营能力。在促进社区经济繁荣的同时，美团还积极参与社会公益活动，用实际行动回馈社会，传递正能量。

展望未来，美团将继续秉承闽商的商业精神，不断创新和优化服务，为消费者提供更加丰富多彩的生活服务体验。美团点评将不断探索电商领域的新机遇，推动企业可持续发展，为促进地方经济的繁荣和文化的传承贡献自己的力量。美团的故事，如同一曲时代的旋律，奏响了创新与责任的和谐乐章，展现了中国电商行业的勃勃生机和无限可能。

第六章

数字引擎：电子商务促产业发展

目标导览

- **知识目标**
  - 了解农村电商的发展历程
  - 了解商产深度融合的发展趋势
  - 了解现代服务业数字化转型现状
- **能力目标**
  - 能够举例说明电子商务在乡村振兴中的关键作用
  - 能够举例阐述电子商务在产业升级中的重要作用
  - 能够举例说明电子商务带来的新型服务模式
- **素养目标**
  - 培养学生在乡村振兴、产业升级中的社会责任感
  - 培养学生形成现代服务业的高质量服务意识
  - 培养学生持续创新的意识

知识导图

电子商务助力乡村振兴 —— 农村电商的发展
　　　　　　　　　　　　—— 农村电商助力乡村振兴

数字引擎：电子商务促产业发展 —— 电子商务赋能中国制造 —— 电子商务对中国制造的赋能
　　　　　　　　　　　　　　　　　　　　　　　　—— 中国制造对电子商务的支撑
　　　　　　　　　　　　　　　　　　　　　　　　—— 商产深度融合的发展趋势

电子商务重构新型服务 —— 服务行业的数字化转型
　　　　　　　　　　　—— 个性化服务的实现
　　　　　　　　　　　—— 新型服务模式的创新

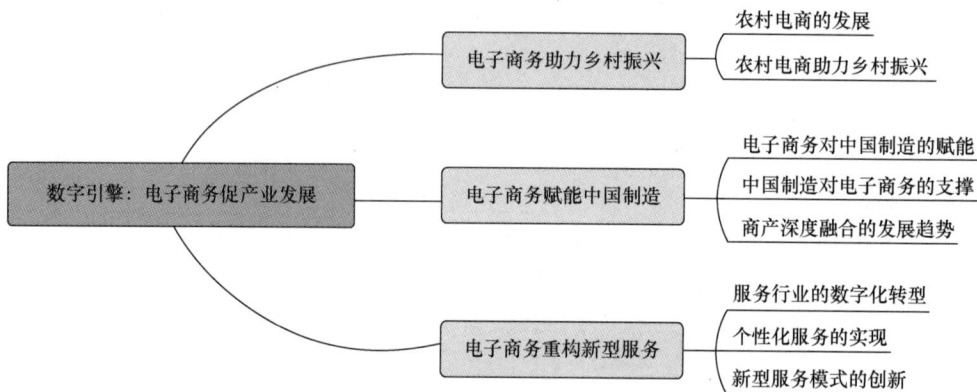

第一节　电子商务助力乡村振兴

【探索与叩问】

在乡村振兴战略的大潮中，当前的中国农业农村发展正迎来前所未有的转型与升级。随着新一代信息技术的蓬勃发展，农村电商以其独特的信息化赋能方式发挥着举足轻重的作用。在乡村振兴的持久战中，农村电商作为一股不可小觑的力量，推动着乡村发展的车轮不断向前。

然而，当我们深入思考农村电商所蕴含的能量时，不禁要问：它究竟是如何助力乡村振兴，帮助乡村发展迈上一个又一个新台阶的呢？

【初探与感知】

农村电商是指利用因特网、计算机等现代信息技术，为从事涉农领域的生产经营主体提供在网上完成产品或服务的销售、购买和电子支付等业务交易的模式。这种新型的电子商务模式能推动农业的生产和销售，提高农产品的知名度和竞争力，是新农村建设的催化剂。

从 2014 年起，农村电商就被正式写入中央一号文件，成为推动农业农村经济发展新引擎。随着我国数字化、智能化进程不断推进，农村电商、物联网、云计算等核心数智技术，数字化助力乡村解决"产业转型困难、治理手段不足、民生服务薄弱、生态环境脆弱"等难题，为"农村美、农业强、农民富"贡献力量。加快推动乡村振兴的数智化进程，由数字化、智能化带动和提升农业农村现代化发展，是全面推进乡村振兴的必然要求，具有丰富的时代内涵和战略意义。

一、农村电商的发展

（一）涉农电商阶段（1994—2004 年）

中国已经告别计划经济，社会主义市场经济体制已初步建立并不断发展完善，农村地区作为国家经济的重要组成部分，正面临着商务基础建设的迫切需求。这一阶段，不仅标志着经济模式的转变，也预示着农村地区将迎来新的发展机遇。政府为了推动农村经济的现代化发展，制定了一系列政策措施，旨在加强农村商务基础设施的建设。这一政策背景，为农村电商的发展提供了坚实的基础和广阔的发展空间。

这一阶段，农村信息化建设是农村发展的核心任务之一。农村信息化建设包括农村电话网络建设和农村道路建设，这两项基础设施的完善对提高农村地区的信息流通效率和物流运输能力至关重要。政府在这一过程中发挥着主导作用，通过政策引导和经济投入，确保信息化建设的顺利进行。

通过实施"金农工程"和"村村通电话工程"，农村地区的通信基础设施得到了显著改善，为农村信息化建设和电子商务的发展创造了有利条件。随着农村电话网络建设和农村道路建设的不断完善，涉农电商网站逐步兴起，成为推动农村经济发展的新动力。

（二）农产品电商阶段（2005—2012 年）

这一阶段连年发布的中央一号文件，从"加强农业信息化建设"到"全面推进农业农村信息化"，体现了国家对推进农业信息化工作的重视与决心。信息技术的应用，可以有效提高农业生产效率，改善农村居民的生活，并促进农村经济的全面发展。这一政策导向为农村电商的发展奠定了坚实的基础。

农村互联网的快速发展，不仅使农村居民能够便捷地获取信息，也为他们提供了更多的在线服务和交易机会。宽带接入能力的提升，极大地提高了农村居民的生活质量。同时，农村公路通达率的大幅提高，不仅改善了农村地区的交通条件，也为农产品的流通和电子商务物流提供了便利。这些基础设施的完善，是农村电商发展的重要物质基础。

（三）农村电商阶段（2013 年至今）

随着中央政府对农业和农村发展的持续关注，中央一号文件连续强调农村电商发展的重要性。文件不仅确立了农村电商示范工程，而且明确了农村电商的两大核心内容：一是将农产品通过电子商务平台销售到城市，拓宽销售渠道，提高农民收入；二是将农业生产资料通过电子商务渠道下沉到农村，降低成本，提高农业生产效率。

在政策的推动下，农村电商的交易规模和用户规模实现了快速增长。"淘宝村"和"淘宝镇"的数量大幅增加，这些地区的成功实践为其他农村地区提供了可借鉴的经验。农村网络零售额的持续增长，已经成为推动农村经济增长的重要力量，为农村经济注入了新的活力。

农村电商在乡村振兴中发挥了关键作用，推动了农产品的上行和农村的数字化发展。农村电商的发展，促进了农产品的品牌化、标准化和规模化生产，提高了农产品的附加值。同时，数字化的发展也为农村地区带来了新的生产方式和管理方式，提高了农业生产的智能化和精准化水平。

创新驱动

以电商为笔，肥东书写发展新答卷

抓主体·培育壮大领军企业

2024 年以来，合肥市肥东县以创建国家、省级农村电商"领跑县"为抓手，开展县域电商直播中心、农村电商供应链服务企业、"安徽土特产"品牌等 16 个项目申报认定，培育出小家电、预制菜、果品果干、食品、大米等 5 个超亿元电商产业。

根据肥东电商大数据监测数据，截至 2024 年 10 月，有业绩电商企业 1001 家，网店 1.3 万家，其中，实物商品网店 2265 家，活跃网店数 1498 家。2024 年前 8 个月，肥东县网上销售额 61.7 亿元，排名合肥市五县市第一位。

"供应链是电商产业发展的关键，我们指导龙头企业安徽采食鲜供应链发展有限公司成功申报商务部第三批'全国供应链创新与应用示范企业'称号，"县商务局负责人介绍。截至目前，肥东县先后上榜"农产品数字化百强县"、"农产品电商百强县"，六次获评农村电商工作"省级示范县"殊荣。

促发展·持续激发数字消费

按照"消费促进年"部署，肥东县抢抓消费热点，联合县域 4 家电商产业园区和网销超 1000 万元重点电商企业，先后举办年货节、双品网货节、66 购物节、汽车电商节、数商兴农采摘节等线上线下促销展会。

2024 年 1—8 月，全县累计开展各类直播 11302 场次，同比增幅 23.8%，直播商品销量 596.5 万件，同比增幅 16.1%，直播商品销售额达 2.7 亿元。农产品网络零售额 9.0 亿元，同比增速 40.1%，排名合肥市五县市第一位。

培育和壮大数字消费新场景，不仅是当前顺应数字化发展和消费升级趋势的现实需要，更是未来促进经济转型和社会发展的重要方向。

肥东县支持省级特色商业街撮街先后举办年货节、村晚、簪花节、长三角舞狮邀请赛、撮城拜月大典、《山海经》灯展等特色活动，充分展示商文旅多业态融合发展的消费新场景，在 2024 年度"皖美消费新场景"评选活动中，撮街上榜"皖美消费新场景"百佳名单。

强服务·优化提升营商环境

由政府牵头，市场化运作，2017 年肥东县组建电商公共服务运营团队，连续 8 年安排专项资金，通过政府购买服务，提升县域电商公共服务职能。

2020 年，联合知名互联网企业建成全省首家县级电商大数据服务平台；2023 年，肥东县电商协会招募成立电商志愿者服务队，共开展公益助农直播 35 场，带动农产品销售超过 300 万元。2024 年以来，重点支持领军企业合肥荣电集团先后召开"皖美好物商达互链"2024 安徽省商达资源双选对接会……为助力乡村振兴，肥东县商务局每年举办村播大赛，通过以赛代训等方式，选拔推介一批农产品带货达人。

2024 年以来，通过"请进来、走出去"等方式，肥东县累计举办线上线下电商人才培训超 6300 人次，跨境电商项目对接场次和培训人次排名合肥市五县市第一位。

2024 年中央一号文件明确推进县域电商直播基地建设，发展乡村土特产网络销售。肥东县评选了首批农村电商直播间、村播基地，认定"会直播、有产品、有带动"的农村电商新业态，让更多农产品扩大线上销售。

二、农村电商助力乡村振兴

（一）农村电商助力乡村振兴的现状

农村电商，作为信息技术与农村经济的深度融合的产物，正成为乡村振兴的新引擎。在数字经济的浪潮下，农村电商正以其独特的优势，助力乡村经济实现跨越式发展。通过电子商务平台，农产品得以突破地域限制，实现产销的无缝对接，极大地提升了农民收入，丰富了农村经济结构。

首先，农村电商的发展拓宽农产品销售渠道，增加农民收入。传统农产品销售方式受限于地域和渠道，导致农产品难以触及更广阔的市场。然而，农村电商通过线上平台，打破了地域的束缚，让农产品能够远销全国各地乃至海外市场。这一转变不仅极大地拓宽了农产品的销售范围，更提升了农产品的附加值，为农民带来了实实在在的经济利益。

其次，农村电商的发展推动农村产业转型升级，提升农产品品质和竞争力。乡村振兴，产业振兴是关键。农村电商的蓬勃发展，不仅为农产品销售开辟了新路径，更在深层次上促进了农村产业的转型升级，大幅提升了农产品的品质和竞争力。以往，农村产业多依赖于传统的种植和初级加工模式，产品附加值低，市场竞争力有限。然而，随着农村电商的崛起，这一局面得到了根本性的改变。农民通过电子商务平台，能够直接接触到更广阔的市场和消费者需求，从而灵活调整产业结构，发展高附加值的农产品和深加工产品。这不仅显著提高了农产品的品质和竞争力，也为农民带来了更为可观的经济收益；同时，农村电商的发展还推动了农产品的标准化和规范化进程。电子商务平台对农产品品质有着严格的要求，这促使农民在生产过程中更加注重标准化和规范化操作。

再次，农村电商带动农村相关产业的发展，促进农村经济多元化。农村电商的兴起带动了物流配送行业的快速发展。随着农产品线上销售的增加，对物流配送的需求也日益旺盛。为了满足这一需求，农村地区的物流网络得到了不断完善，物流效率显著提高，物流成本逐渐降低。这不仅为农产品的快速流通提供了有力保障，也为农民创造了更多增收机会。同时，农村电商的发展也推动了金融服务在农村地区的普及和创新。电子商务平台为农民提供了便捷的支付、结算和融资服务，解决了他们在生产、销售过程中的资金问题。除此之外，农村电商还带动了乡村旅游、文化创意等相关产业的发展。通过电子商务平台，农民可以将当地的特色文化、旅游资源进行广泛宣传和推广，吸引更多的游客前来体验。这不仅丰富了农民的收入来源，也推动了农村经济的多元化发展。

最后，农村电商发展吸引人才回流，为乡村振兴注入新活力。随着农村电商行业的快速崛起，越来越多的年轻人开始意识到返乡创业的巨大潜力。他们带着在城市中积累的知识、技能和经验，回到家乡投身农村电商事业。这些人才的回归，不仅带来了资金和技术上的支持，更为乡村注入了全新的思维方式和经营模式。他们充分利用电子商务平台，将当地的特色农产品进行精心包装和推广，成功打造出一系列具有地方特色的品牌产品，让乡村的优质资源得以更广泛地展示和销售。随着农村电商的不断发展壮大，越来越多的就业机会被创造出来，吸引了更多的年轻人回到家乡就业。这不仅缓解了乡村就业压力，也为当地经济的持续健康发展提供了有力支撑。

（二）农村电商助力乡村振兴的有效策略

首先，加强农村电商基础设施建设。政府应继续深化对农村地区网络覆盖的投资，全面推行"互联网+"战略，确保农村区域享有全面、高速且稳定的网络接入，为农村电商的蓬勃发展奠定坚实的网络基石。同时，加大对农村物流体系的支持力度，构建一个完善、高效的物流配送网络，从而增强农村电商的市场竞争力。

其次，培育农村电商人才。乡村振兴，人才是核心。随着现代农业向数字化、智能化、规模化迈进，新业态如智慧农业、农村电商等不断涌现，这对传统农业知识和经验提出了全新的挑战。高校可针对性开设农村电商相关专业的课程；政府也可定期组织农村电商技能培训，为农村人才的发展夯实根基。

最后，打造农产品品牌。通过明确品牌定位、加强品质管理、引入先进的农业生产技术，全面提升产品品质和附加值；同时注重品牌传播和推广，充分利用电商平台、社交媒体等多元渠道，讲述品牌故事，展示品牌形象，提升品牌知名度和美誉度。

创新驱动

广东电商助力乡村振兴，深化"百千万工程"

2024 年，一场由广东省商务厅与清远市人民政府共同主办的盛会——2024 年广东省"电商助力百千万工程"系列活动（清远站）暨第二届中国佛冈魔芋产业推介会，在佛冈县水头镇隆重举行。此次活动不仅涵盖电商资源对接、直播间现场带货、抖音助农专题培训等丰富内容，更通过电商这一新兴力量为乡村振兴注入强劲动力。

作为广东省"电商助力百千万工程"系列活动的首站，活动旨在通过电商这一现代化手段，为乡村振兴提供新动能，深化产销渠道对接合作，探索转型营销新思路，助力"百千万工程"的落地实施。百亿流量涌入镇村，为农产品"出圈"提供了强大支持。

在活动中，清远市对"电商助农 2.0 模式"进行了全面展示，这一模式通过农村电商、跨境电商、直播电商等新业态，为清远市深入实施"百千万工程"、推动城乡区域协调发展注入了新活力。抖音公益团队还为当地农民、合作社、返乡青年、商家等提供了专题培训，通过现场答疑和经验交流，加深了大家对电商助农的了解。

相关负责人表示，2024 年广东省将重点打造"电商助力百千万工程"系列活动，加大政策支持和资源投入，建设一批"电商助力百千万工程"农特产品展销厅，并配套举办直播带货、资源对接、人才培训等多样化活动。通过抖音等平台的百亿流量支持，进一步拓宽农产品的销路，带动乡村产业的发展，助力农民增收。

此次活动吸引了广东省有关部门领导、清远市领导及众多商协会代表、电商企业、商超代表、供应商等参加，共同见证了这一乡村振兴的盛举。

【演练与致用】

农村电商已成为推动农业农村经济发展的重要引擎，在数智化赋能的大背景下，涌现出大量的农产品"网红"品牌，不仅带来了巨大的经济效益，更让农产品成为明星爆款。

实训任务

请选择一款你熟悉的农产品，为其开启"网红"之路做好准备，完成表 6-1。

表 6-1 打造农产品"网红"

农产品名字	产地	品牌名设计	拟推广平台	推广卖点	独特之处或趣味典故

实训步骤

1. 3～5人一组，小组内自行分配角色和各成员任务。

2. 小组共同讨论，选择一款大家熟悉的农产品，如赣南脐橙、五常大米等。

3. 通过网络搜索、询问长辈等方式，了解所选农产品的产地信息、生长特点、市场情况等资料。

4. 一起头脑风暴，为农产品设计一个吸引人的品牌名，如"橙心橙意"（针对橙子），并填入表格。

5. 分析抖音、淘宝、拼多多等常见推广平台特点，确定适合所选农产品的拟推广平台，填写在表格中。

6. 从农产品的口感、营养价值、种植方式等方面挖掘推广卖点，如赣南脐橙"果肉饱满，酸甜多汁"，将卖点和独特之处或趣味典故（如荔枝和苏东坡的故事）记录在表格内。

7. 每组推选一名代表，在课堂上展示本组填写的表格，并简要说明打造农产品"网红"的思路。

第二节　电子商务赋能中国制造

【探索与叩问】

"推进商产融合，助力产业数字化转型"是《"十四五"电子商务发展规划》的重要内容，也为《"十四五"智能制造发展规划》中多项重点任务的实施提供重要支撑。如何理解，目前是电子商务平台与工业互联网平台的融合的一个最佳的时机呢？

【初探与感知】

我国电子商务经过二十多年的发展，在融合创新、商业模式、技术应用等层面取得了举世瞩目的成就，走出了一条独具中国特色的发展之路；同时，由于电子商务产生了从线上走向线下的内在动力，近年来逐渐呈现出向上游生产制造环节延伸的态势。电子商务平台和工业互联网平台的对接，将有效助力供给侧结构性改革，促进线上线下产业的深度融合，为打造服务型制造业构建一条虚实贯通的生态链，从而对制造模式产生深刻的影响。依托电子商务在商业模式方面多年来积累的成功经验，逐渐实现用户参与的高度定制化与高度社会化制造模式，如按需生产、个性化定制、柔性化生产、用户直连制造（C2M）。

一、电子商务对中国制造的赋能

（一）赋能传统产业市场营销

电子商务通过多种方式为中国制造企业拓展了市场营销渠道，提高了营销效率和精准度。电子商务平台打破了传统制造业的地域限制，使企业能够以更低的成本将产品推向全国乃至全球市场。例如，跨境电商的发展为中国制造企业提供了国际市场的新机遇。通过跨境电商平台，企业能够直接与海外消费者对接，降低中间环节成本，提升产品竞争力。

（二）赋能供给端生产制造

电子商务不仅在营销端为中国制造赋能，还在生产制造环节发挥了重要作用，推动了制造业的转型升级。

（1）柔性化生产与定制化服务

电子商务平台能够快速收集和反馈消费者需求，推动制造业企业实现柔性化生产和个性化定制。例如，一些传统制造企业通过电子商务平台的反馈，引入柔性生产模式，更好地满足了消费者的个性化需求。

（2）优化供应链管理

通过电子商务平台，制造业企业可以实现供应链的数字化管理，提高供应链的响应速度和灵活性。

（三）赋能制造业技术创新

电子商务推动了制造业的数字化和智能化升级，提高了企业的生产效率和竞争力。

（1）推动数字化转型

电子商务平台通过提供技术支持和服务，推动制造业企业实现数字化转型。例如，工业互联网平台与电子商务平台的对接，促进了传统制造业的数字化升级。这种数字化转型不仅提高了企业的生产效率，还为企业提供了更精准的市场洞察和决策支持。

（2）助力智能化升级

人工智能和大数据技术的应用，推动了制造业的智能化升级。例如，制造业企业通过引入智能设备和技术，实现生产过程的自动化和智能化。这种智能化升级不仅提高了生产效率，还降低了生产成本，提高了产品质量。

（四）赋能本土品牌建设

电子商务为中国制造企业提供了品牌建设的渠道和机会，提升了品牌价值和国际竞争力。

（1）提升品牌价值

电子商务平台为中国制造企业提供了品牌建设的渠道和机会。通过电商平台，企业能够直接与消费者互动，提升品牌知名度和美誉度。例如，一些传统制造企业通过电商平台的扶持，实现了从代工生产到自有品牌的转型。

（2）拓展国际市场

跨境电商的发展为中国制造企业拓展国际市场提供了便利。例如，制造业企业通过跨境电商平台，能够以较低的成本进入国际市场，提升国际竞争力。此外，电子商务平台还可以通过优化跨境电商出口监管方式，支持跨境电商赋能产业带，引导传统外贸企业发展跨境电商。

二、中国制造对电子商务的支撑

（一）提供丰富的商品资源

中国制造作为全球最大的制造业基地，拥有庞大而完整的工业体系，涵盖从基础材料到高端装备制造的各个领域。这为中国电子商务行业提供了丰富多样的商品资源，满足了消费者多样化、个性化的需求。从日常消费品到高科技电子产品，从服装鞋帽到智能家居设备，中国制造的广泛性和多样性为电子商务平台提供了源源不断的商品供应。这些商品资源不仅丰富了电子商务平台的商品种类，还提升了消费者的选择范围和购物体验。

（二）推动电子商务技术创新

中国制造企业在技术创新和数字化转型方面的努力，为电子商务平台提供了更高效、更智能的供应链支持。随着工业互联网、大数据、人工智能等技术在制造业中的广泛应用，制造企业能够实现生产过程的数字化和智能化，从而提高生产效率和产品质量。这些技术的应用不仅优化了制造企业的内部运营，还为电子商务平台提供了更高效、更可靠的供应链支持。例如，通过工业互联网平台，制造企业可以实时监控生产进度和库存水平，实现精准生产和及时配送。这种数字化的供应链管理不仅提高了供应链的透明度和可控性，还降低了库存成本和物流风险，为电子商务平台提供了更稳定、更高效的商品供应。

（三）促进电子商务模式创新

中国制造企业与电子商务平台的深度融合，推动了电子商务模式的创新。例如，直播电商、社交电商等新模式的出现，正是基于中国制造企业与电子商务平台的紧密合作。直播电商通过实时展示商品特点和使用方法，增强了消费者的购物体验，提高了购买转化率。社交电商则利用社交媒体的传播优势，通过消费者分享和推荐，扩大了商品的市场覆盖范围。这些创新模式不仅为消费者提供了更加便捷、个性化的购物体验，还为中国制造企业开辟了新的销售渠道，提升了品牌的市场影响力。

三、商产深度融合的发展趋势

电子商务与中国制造的深度融合已成为不可逆转的趋势，未来将在技术创新、模式创新、产业升级等多个方面展现出更加显著的协同效应，推动中国制造业向高质量、智能化方向发展，同时助力电子商务行业持续创新和拓展。

（一）深度融合与协同发展

电子商务与中国制造将进一步深度融合，形成更加协同的产业生态。随着工业互联网与电子商务平台的对接，生产与销售的无缝衔接将成为常态。例如，通过工业互联网平台，制造企业能够实时获取电子商务平台的订单数据，实现精准生产和及时配送。这种深度融合不仅提高了供应链的效率，还降低了库存成本，增强了企业的市场响应能力。

（二）数字化与智能化升级

随着大数据、人工智能、物联网等技术的不断发展，电子商务与中国制造将在数字化和智能化方面持续升级。在生产端，智能制造技术将广泛应用于生产流程，实现生产过程的高度自动化和智能化。例如，上汽集团利用数字化制造技术，通过 3D 数字汽车模拟器实现定制化生产，显著缩短了产品上市时间。在销售端，电子商务平台将通过大数据分析实现更精准的个性化推荐，提升用户体验和购买转化率。

（三）全球化与市场拓展

跨境电商将继续保持快速增长态势，成为电子商务行业的新增长点。中国制造企业通过跨境电商平台能够以较低的成本进入国际市场，提升国际竞争力。同时，随着"一带一路"倡议的推进，中国制造业的海外市场将进一步拓展，跨境电商将在其中发挥重要作用。此外，电子商务平台还将通过优化跨境电商出口监管方式，支持跨境电商赋能产业带，引导传统外贸企业发展跨境电商。

（四）产业协同与价值共创

未来，电子商务与中国制造将更加注重产业协同和价值共创。通过开放创新，企业将引入外部能力进行协同研发和生产，降低创新成本和研发风险。例如，服装制造企业通过粉丝经济吸纳消费者参与前端研发和终端营销，使传统服装制造业向价值链高端跃进。这种产业协同和价值共创模式将推动制造业向高端化、智能化方向发展，同时提升电子商务平台的用户体验和市场竞争力。

行业洞察

随着电子商务的飞速发展，传统的制造业开始面临诸多挑战。如何将线上与线下渠道完美融合，成为各大制造企业亟待解决的问题。此时，淘工厂应运而生，成为连接传统制造业与电子商务的桥梁。

淘工厂，即阿里巴巴旗下的淘宝卖家服务平台，通过提供一站式电子商务解决方案，帮助工厂型企业拓展线上市场，提升品牌影响力。在这个平台上，工厂可以直接面对消费者，了解市场需求，提供定制化产品，从而降低生产成本，提高产品质量。

近年来，潮汕地区的许多传统工厂都通过"淘工厂"这个新渠道，迈出了数字化转型的步伐。他们通过大数据指导生产、研判趋势，迅速适应国内市场的变化，生产出多种销量超过 100 万件的爆款产品，正逐步成为"国民工厂"。

颂尼是澄海地区一家普通的玩具企业，是一帮返乡创业的学子在大学毕业后创办的玩具品牌，一开始尝试着在传统电子商务平台上销售产品，逐渐通过淘工厂找到了数字化转型的方向。通过入驻淘工厂，他们不需要太多的运营，而只需要专注于做出好的产品。他们通过淘工厂的数据，深度研判消费者的需求，快速调整生产和研发方向。例如，他们根据消费者的反馈不断修改产品，推出了解压类的玩具，如解压魔方，并取得了很好的销售效果。这些成功的案例表明，淘工厂的 C2M 模式让源头工厂可以通过去掉中间环节来降低成本，从而提供更高性价比的产品。而工厂则通过数字化转型，提高了生产和销售的效率，许多工厂除了专注于生产好的产品外，还注重服务和供应链的优化。

源头工厂通过与淘工厂的合作，实现了从传统工厂到数字化工厂的转型，正是工厂们对于高性价比、好产品和良好服务的追求，让他们在淘工厂平台上获得了成功，并成为了"国民工厂"。不仅如此，淘工厂也通过各种措施持续深耕产业带，为消费者挖掘更多的优质源头工厂货物。

【演练与致用】

专业的数字化改造和智能制造解决方案正在推动生产制造的智能化发展，大量的制造型企业通过协同创新，催生出一批批新型智能制造模式。

实训任务

请你们以小组为单位，作为智能制造宣传小使者为你身边的朋友介绍小米智能工厂，通过互联网查阅关于"小米智能工厂"的相关资料，完成一份以"探秘小米智能工厂"为主题的 PPT，并准备好时长 5 分钟介绍演讲。

实训步骤

1. 3～5 人一组，小组内自行分配各成员任务。

2. 登录小米官网、行业资讯网站、视频平台（如抖音）等，搜索"小米智能工厂"相关图文、视频资料，包括工厂布局、生产流程、智能设备、创新技术等内容。

3. 小组对收集到的资料进行整理，提取关键信息，如小米智能工厂的特色智能制造模式、生产效率提升数据等。

4. 使用 PPT 制作软件，将整理好的信息分模块制作成 PPT，内容包含封面、目录、小米智能工厂介绍、智能制造亮点展示、结语等板块，搭配相关图片和图表。

5. 根据 PPT 内容，准备时长 5 分钟的介绍演讲稿，突出小米智能工厂的独特之处和创新成果。

6. 小组成员进行演讲练习，调整语速和语气，确保演讲流畅。

7. 每组派代表进行 5 分钟演讲并展示 PPT，向全班介绍小米智能工厂。

第三节 电子商务重构新型服务

【探索与叩问】

电子商务的快速发展正在深刻地改变着传统服务行业，从消费习惯、商业模式到服务体验，都在经历着一场前所未有的变革。在这场变革中，电子商务是如何推动服务行业升级的呢？

【初探与感知】

电子商务对传统服务业的影响是深远的，它不仅改变了消费者的消费习惯，还推动了服务创新、优化了供应链管理、提升了客户服务水平、促进了市场拓展，并推动了商业模式的创新。传统服务业企业需要积极应对电子商务带来的挑战，通过数字化转型和创新服务模式，抓住电子商务带来的机遇，实现转型升级。政府的政策支持和电子商务平台的助力，将进一步推动传统服务业与电子商务的深度融合，为中国服务业的高质量发展注入新的动力。

一、服务行业的数字化转型

电子商务的兴起，对传统服务行业产生了革命性的影响。它不仅改变了服务的交付方式，还通过创新的商业模式和服务方式，为消费者和企业带来了更加丰富和便捷的服务体验。

电子商务依托于互联网技术，包括但不限于云计算、大数据分析、移动互联网、人工智能等。这些技术的集成应用，为服务行业的数字化转型提供了坚实的基础。传统的服务提供方式往往需要消费者与服务提供者面对面接触，而电子商务使服务提供方式发生变革：服务可以通过网络远程提供。这一模式不仅提高了服务的可达性，也降低了服务提供的成本。

电子商务平台的全球性质，使服务不局限于本地市场。服务提供者可以轻松地将服务扩展到全球范围，吸引更多的消费者。电子商务通过提供更加便捷、个性化的服务体验，重塑了消费者的服务使用习惯。消费者可以通过简单的操作和移动商务应用，快速获取所需的服务。

在线教育服务就是一个典型的例子。通过电子商务平台，优质的教育资源得以跨越地域限制，为不同地区的学习者提供丰富的学习方案和课程。

二、个性化服务的实现

个性化服务的实现，依赖于电子商务平台对用户数据的深入挖掘和分析。通过构建用户画像，电子商务平台能够理解每个用户的独特需求和偏好，从而提供定制化的服务和产品。

（一）用户数据的收集与分析

个性化服务的基石是对用户数据的深入理解。电子商务平台通过各种在线触点，如网站、移动应用、社交媒体等，收集用户的基本信息、浏览行为、购买历史、反馈评论等数据。

（二）用户画像的构建

基于收集到的数据，电子商务平台构建用户画像，包括用户的人口统计特征、兴趣爱好、消费习惯和生活方式等。用户画像使电子商务平台能够更准确地识别用户需求和偏好。

（三）个性化推荐算法的应用

利用机器学习和数据挖掘技术，电子商务平台可以开发个性化推荐算法，如协同过滤、基于内容的推荐和深度学习模型。这些算法有助于电子商务平台分析用户行为，预测用户兴趣，并推荐相关产品或服务。

京东通过其推荐系统，根据用户的历史浏览行为，向用户推荐可能感兴趣的产品。例如，当用户浏览半身裙后，推荐系统便会捕获到用户的购买意图，向用户推荐各种款式和价位的半身裙及与半身裙相关的产品。

（四）动态内容定制

个性化服务不限于产品推荐，还包括动态内容定制。电子商务平台可以根据用户的行为和偏好，实时调整网站布局、展示内容和营销信息，以提升用户体验。

网易云音乐通过分析用户的音乐播放历史和偏好，推荐个性化的音乐列表和新歌。这种个性化推荐不仅提升了用户体验，也增强了用户黏性。

（五）个性化营销

个性化服务还包括定制化的营销策略。通过电子邮件营销、社交媒体广告和移动推送通知等方式，电子商务平台能够向特定用户群体发送个性化的促销信息和优惠。

美团通过其会员计划，收集用户的购物偏好和行为数据，定期向用户发送个性化的促销活动信息和优惠券。这种策略不仅提升了用户的购买意愿，也提高了用户对品牌的忠诚度。

三、新型服务模式的创新

电子商务作为当代经济的催化剂，不仅改变了传统的购物方式，更催生了多种新型服务模式。这些模式以用户需求为核心，通过技术创新和商业模式变革，优化资源配置，提高服务效率和质量，为用户带来了更多选择和便利。

（一）共享经济模式

共享经济是电子商务推动背景下产生的一种新型服务模式，它通过整合社会闲置资源，以在线平台的形式提供给需要的人使用。这种模式减少了资源的浪费，同时为用户提供了更经济的选择。

共享经济平台如滴滴出行，通过整合社会闲置车辆资源，为用户提供了更加灵活和经济的出行服务。

（二）按需服务模式

按需服务模式是指根据用户的即时需求提供服务，这种模式通常通过电子商务平台实现，服务的响应速度快，满足了现代人快节奏生活的需求。

美团外卖通过电子商务平台，根据用户的地理位置和需求，快速提供餐饮配送服务，极大地方便了用户的日常生活。

🔲 行业洞察

美团是一家以互联网技术为基础的本地服务平台，成立于 2010 年。其商业模式是通过提供在线订餐、外卖、酒店、旅游、电影等多种本地服务，为用户提供便捷的生活方式，同时为商家提供线上推广和销售渠道，实现双赢。美团的商业模式可以分为以下 4 种。

（1）多元化服务。美团提供的服务不仅是外卖订餐，还包括酒店、旅游、电影等多种本地服务。这种多元化的服务模式，为用户提供了更全面的生活选择，也为商家提供了更广阔的销售渠道。

（2）线上推广。美团以线上推广为主要营销手段，通过在平台上推广商家的产品和服务，吸引更多用户前来消费。同时，美团还为商家提供了一系列的线上营销工具，如优惠券、团购等，帮助商家提高销售额。

（3）线下服务。美团通过线下服务的方式，为用户提供更好的体验。例如，外卖配送员会在规定时间内将食物送到用户手中，酒店客房服务员会提供周到的服务，这些都为用户提供了更好的服务体验。

（4）大数据分析。美团通过对用户数据的分析，了解用户的消费习惯和需求，为用户提供更准确的推广和服务。例如，通过用户的历史订单数据，美团可以向用户推荐符合其口味的餐厅和菜品。

例如，某餐厅在美团上开展了营销活动，推出了一款新菜品。美团通过发放优惠券等方式，吸引更多的用户前来尝试这款新菜品。同时，美团的外卖配送员在规定时间内将食物送到用户手中，保证了用户的用餐体验。通过大数据分析，美团可以了解用户对这款新菜品的反馈和评价，为用户提供更准确的推广和服务。

美团的商业模式基于多元化服务、线上推广、线下服务和大数据分析，为用户提供便捷的生活方式，为商家提供更广阔的销售渠道和更准确的服务建议，实现了双赢。

（三）数字化体验服务模式

数字化体验服务即通过虚拟现实、增强现实等技术，为用户提供沉浸式的购物或体验服务。这种服务模式使用户能够直观地了解产品，提升了用户的购物体验。

京东通过其增强现实试妆功能，支持消费者在线上试妆，查看不同化妆品在自己脸上的效果。这种数字化体验不仅帮助消费者准确地选择适合自己的产品，也增强了购物的趣味性。

（四）智能化客户服务模式

智能化客户服务是指利用人工智能技术，如聊天机器人、智能客服等，提供全天候不间断服务。这种服务模式提高了服务效率，降低了人力成本。

（五）移动电子商务与定位服务模式

移动电子商务通过移动终端，随时随地为用户提供购物和服务体验。结合定位技术，平台能够根据用户的地理位置提供本地化的服务和产品推荐。

大众点评通过其移动应用，根据用户的地理位置推荐附近的餐厅、娱乐场所等。而且，用户可以查看其他用户的评价和推荐，做出消费决策。

（六）社交媒体整合模式

电子商务平台通过与社交媒体平台的整合，利用用户的社交网络信息来提供个性化的服务。这种服务模式不仅增强了用户的信任感，也通过社交促进了购买决策。

小红书通过其社交电商平台，支持用户分享和发现商品。用户可以通过查看其他用户的评价和推荐，做出购物决策。

📄 行业洞察

得助智能携手华为云，引领智能客服产业升级

在数字化浪潮的推动下，传统客服行业正经历着前所未有的变革。成立于2014年的北京中关村科金技术有限公司（以下简称"中关村科金"），凭借其在人工智能（AI）、大数据等领域的深厚积累，推出了"得助智能"企业级全场景精准智能交互平台。该平台携手华为云，共同打造了一套人机一体的智能客服体系，让AI真正"开口说话"，引领智能客服产业升级。

随着客服行业需求的不断变化，传统的人工客服模式已难以满足企业的需求。高昂的成本、难以保障24小时在线服务及无法快速响应用户需求等问题日益凸显。为解决这些痛点，中关村科金与华为云合作，利用ASR（Automatic Speech Recognition，语音识别技术）、NLP（Natural Language Processing，自然语言处理）和TTS（Text to Speech，文本—语言转换）3大技术模块，打造了一款具备"听""想""说"能力的智能客服产品。

在得助智能平台上，ASR技术实现了声音到文字的转化，让AI能够"听懂"用户的提问；NLP技术则让AI能够"理解"并处理文本信息，为用户提供准确的回答；而TTS技术则将文字转化为语音，让AI能够"说话"，为用户提供直观、自然的交流体验。

通过人机协作模式，得助智能平台不仅大幅提高了客服效率，还降低了企业的运营成本。例如，重庆某百货公司通过使用得助智能云呼叫中心，成功实现了数字化转型，全天候有效解答了80%以上的重复性咨询，降低了70%以上的人力成本。

此外，得助智能还针对金融行业推出了AI视频云解决方案。该方案支持远程开户、视频面签等全场景应用，有助于金融机构提高业务办理效率和风控能力。例如，某银行重庆分行通过采用AI视频云，业务办理效率提高了200%，投诉比例降低了70%，实现了全业务覆盖的风险控制。

目前，得助智能全线产品已全面上架华为云的线上和线下渠道，部分产品入驻华为云严选商城。双方将继续在智能客服与智能视频领域深化合作，共同打造完善

的产业数字化生态体系，为千行百业客户提供全方位的智能服务解决方案。

华为云作为科技创新的引领者，将继续秉持创新精神，为企业创造科技化、智能化的黑土地；通过赋能服务，解决企业在数字化转型升级过程中的难题，助力企业紧抓智能升级的黄金机会，实现高质量发展。

🔍 创新驱动

上海钢银电子商务股份有限公司（简称"钢银电商"）成立于 2008 年，是国内领先的钢铁 B2B 全产业链智慧服务平台，也是国内位居前列的千亿级钢铁电商平台。钢银电商以钢铁电子商务为基础，产业大数据为支撑，整合产业链资源，为上游钢厂和下游终端提供集数据信息、交易结算、供应链产品、仓储加工、物流配送、SaaS 为一体的全产业链智慧生态服务。被认定为"2022 年全国供应链创新与应用示范企业"。

钢银电商致力于互联网、物联网、大数据、云计算、5G、人工智能等新技术与传统产业的深度融合，依托科技串联上下游，实现促进产业降本增效和"让钢铁流通更便捷、更安全"的愿景使命。

生态互联·提高产业链流通效率

钢银电商厚植产业数字服务根基，通过新一代互联网技术，整合商品、物流、仓储、资金等资源要素，构建产业数字协同新生态。目前钢银电商已与超过 350 家钢厂建立合作关系，平台服务企业用户数超 17 万家，年交易规模超 5200 万吨，年交易结算额超 2400 亿元，核心指标稳健增长且持续领跑行业，如图 6-1 所示。平台从多维度满足各方需求，积极探索寄售、竞拍、直采等创新流通模式，致力于缩短产业链流通层级，实现产业供需的高效对接，提升产业智慧化生产能力，促进产业上下游降本增效，目前平台年人均效能达 4.83 万吨，为传统企业的 9.66 倍。

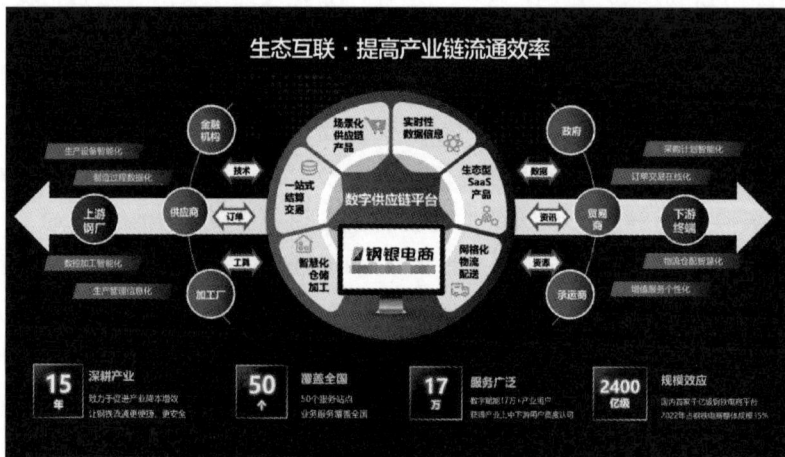

图 6-1　生态互联·提高产业链流通效率

供应链创新·助推产融深度结合

直击产业痛点，钢银电商将供应链服务嵌入至不同的流通场景中，创新推出了面向上游钢厂零单集采、下游终端直采、中小贸易企业小单现货采购等场景的供应链服务产品。积极探索区块链等新技术在供应链服务的应用，为钢铁产业构筑良好的营商环境，构建信用桥梁，搭建银企合作新通道，为中小微企业提供更丰富的资金解决方案，助力金融机构与实体经济的深度融合，如图6-2所示。

图6-2 供应链创新·助推产融深度结合

科技驱动·助力产业数字化转型

钢银充分发挥平台核心企业链接和服务能力，借助大数据、云计算等新一代信息技术，与产业伙伴建立生态联盟，与中小微企业建立对接机制，为产业链用户搭建可视化、线上化集成管理云平台，帮助钢铁产业贸易、加工等各类中小企业轻松获得低成本、专业型、智慧型的管理工具，实现内部管理数字化和外部业务数字化"双轮"发展，大大减少人员、管理等综合成本，帮助企业运营管理效率整体提高20%，加工排产效率提高到85%，以科技推动钢铁产业数字化转型升级，如图6-3所示。

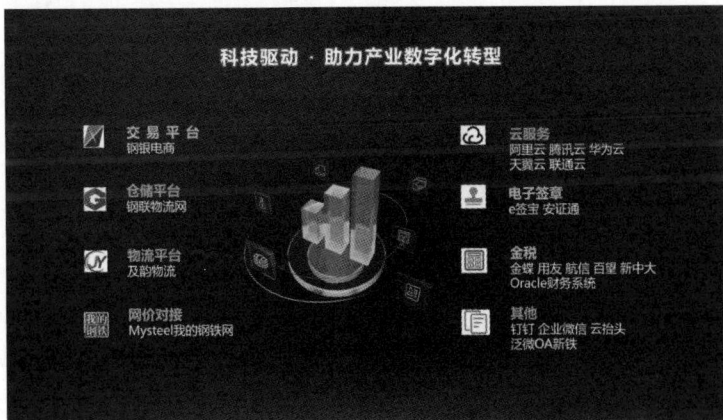

图6-3 科技驱动·助力产业数字化转型

标准引领·推动钢铁行业高质量发展

钢银电商积极承担国家级标准化试点示范项目，建立了钢铁行业交易流通、供应链服务标准化体系。同时积极投身标准制定，携手冶金工业研究院等编制了《钢铁物流数字化仓储系统规范》，参与上海市商务委发起的《企业商务诚信评价规范》编制，并主导参与《钢铁电子商务团体标准体系》《品牌培育管理体系实施指南钢铁电子商务服务业》等多项标准的制定，如图 6-4 所示。通过标准应用提升钢铁电商整体服务和管理水平，建设良好的钢铁产业流通秩序和环境。

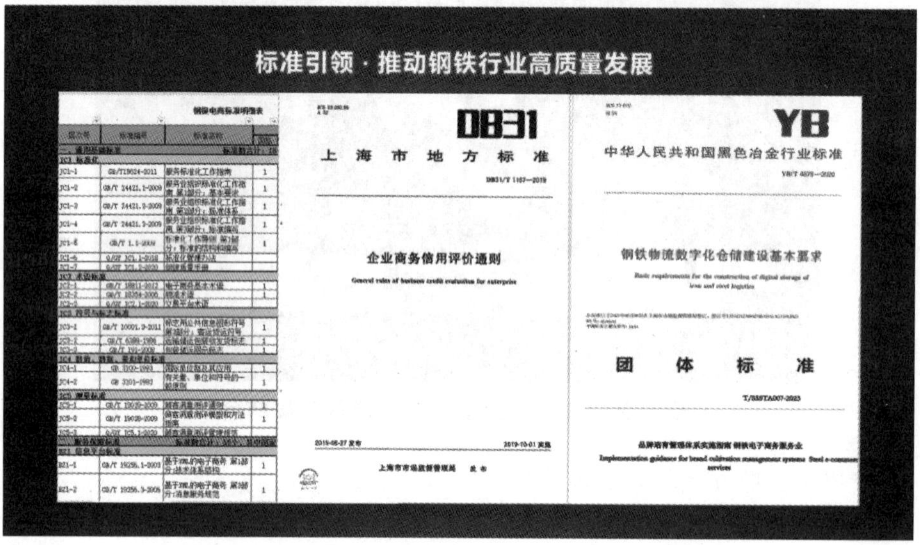

图 6-4　标准引领·推动钢铁行业高质量发展

未来，钢银电商将持续深化钢铁流通领域数字生态服务体系，增强服务能级，用科技赋能产业用户，不断探索大数据、区块链、人工智能等新兴技术在钢铁电商行业的运用，整合平台在交易结算、数据信息、网络货运、数字供应链协同及运营管理等方面的资源优势和服务能力，向市场提供优质、高效、安全、开放的平台数字生态服务，助力中国钢铁行业数字化、高质量发展。

【演练与致用】

为了更好地理解电子商务交易的赋能作用，下面通过实训来进一步了解电子商务在不同产业的赋能模式。

实训任务

学生分组合作，通过查阅资料，查找中国电子商务企业在赋能"乡村振兴""中国制造""服务创新"等方面的成功案例，并根据案例内容完成表 6-2 的填写。

表 6-2 电子商务赋能案例及形式

序号	赋能类别	赋能案例	赋能形式简述
1	乡村振兴		
2	中国制造		
3	新型服务		

实训步骤

1. 3～5 人一组，小组内自行分配角色和各成员任务。

2. 针对"乡村振兴""中国制造""新型服务"3 种不同赋能类别，分别找出 3 个电子商务赋能案例。

3. 针对每一个电子商务赋能案例，描述不少于 3 点的赋能形式，并填写至表 6-2 中。

【讲给电商人听的商道精神】

鲁商

在齐鲁之地，深厚的儒家文化孕育了鲁商的诚信与睿智。现代鲁商在商务浪潮中，以创新和开拓的姿态，推动着地方经济的繁荣发展。

鲁商，源远流长的商业群体，以其深厚的文化底蕴和独特的商业哲学在中国商业史上占有一席之地。孟洛川，作为清末民初著名的鲁商，出生于山东一个商业氛围浓厚的家庭，从小就对商业充满热情。孟洛川的商业帝国起步于经营布匹和杂货，凭借勤奋和智慧，他的业务迅速扩展至全国，形成了一个庞大的销售网络。

鲁商的文化内涵可以概括为"诚信、稳健、创新、担当"。以儒家文化为根基，鲁商强调"仁义"为先，注重商业道德和社会责任，勇于创新，不断探索新的商业模式和经营策略。

2024 年政府工作报告中首次提出开展"人工智能+"行动，结合两会期间的高频热词"新质生产力"来看，加快促进人工智能与实体经济深度融合，特别是推动人工智能赋能新型工业化，将成为高质量发展的新战略选择。人工智能所能带来的高效人机协作已经得到广泛验证，现如今，面对"千企千面"的数字化转型需求，人工智能与工业互联网的充分融合，将有望实现企业数智化升级领域的大规模定制，而这也将成为推进新型工业化的一次革命性创新。

根植齐鲁大地的卡奥斯 COSMOPlat 作为工业互联网领域的佼佼者，以科技创新为原动力，将发展新质生产力作为新的责任使命，在与人工智能的融合应用上再次走在了行业前列。卡奥斯 COSMOPlat 发布了工业互联网时代面向价值共创的革命性新引擎，即智能交互引擎的最新探索成果，以高附加值服务为千行百业的数字化转型赋能，加速培育新质生产力并推动其在产业落地。

通过对开源大模型进行微调训练，卡奥斯工业大模型 COSMO-GPT 注入了 562 个工业数据集，拥 300 多万条高质量工业数据，3900 多个机理模型和 200 多个专家模型，推理准确率达到 96% 以上，意图识别准确率达到 85% 以上，成为"最懂工业的大模型"。

区别于通用大模型，卡奥斯工业大模型 COSMO-GPT 被赋予更广博的工业知识和更深度的工业行业 Know-how，能够读懂工业语言、理解工业工艺及机理、生成工业执行指令及执行工业机械控制。目前，该大模型已具备智能交互、智能柔性装配、多模态辅助设计等功能，在家电、汽车、服装等行业落地应用。

面向工业注塑设备，卡奥斯工业大模型 COSMO-GPT 创新打造注塑工艺智能体，针对注塑机的 100 余个复杂参数，将工人经验和生产数据形成算法模型，通过大模型和专家小模型联动，为注塑设备推荐最优参数，这不仅实现了单件注塑能耗降低 10%，调试效率提高 50%，还解决了企业经验新老传承的问题。

在服装行业，卡奥斯工业大模型 COSMO-GPT 打造服装辅助设计系统，为企业提供基于大模型的服装设计应用，可以通过自然语言，生成所需服装款式。企业还可上传具有自己风格或者具备自己特有模特的图片，卡奥斯工业大模型 COSMO-GPT 将基于上传内容进行模型微调，让大模型更懂企业风格。

作为新一代人工智能技术发展的重要方向，卡奥斯工业大模型 COSMO-GPT 已成为数字经济高质量发展的新引擎，承担着工业大脑国家新一代人工智能开放创新平台的建设任务。未来，卡奥斯 COSMOPlat 也将加速工业智能体建设，推动卡奥斯工业大模型 COSMO-GPT 赋能千行百业，为工业转型和高质量发展贡献力量。